学校的骄傲

大夏书系·教育随笔

Xuexiao de Jiaoao

程玮 教育小品文

程玮 著

华东师范大学出版社

图书在版编目（CIP）数据

学校的骄傲：程玮教育小品文 / 程玮著 .—上海：华东师范大学出版社，2018
ISBN 978-7-5675-7766-4

Ⅰ.①学... Ⅱ.①程... Ⅲ.①教育—文集 Ⅳ.① G4-53

中国版本图书馆 CIP 数据核字（2018）第 106436 号

大夏书系·教育随笔

学校的骄傲
——程玮教育小品文

著　　者	程　玮
策划编辑	朱永通
审读编辑	万丽丽
封面设计	奇文云海·设计顾问
出版发行	华东师范大学出版社
社　　址	上海市中山北路 3663 号　邮编　200062
网　　址	www.ecnupress.com.cn
电　　话	021 - 60821666　行政传真　021 - 62572105
客服电话	021 - 62865537
邮购电话	021 - 62869887　地址　上海市中山北路 3663 号华东师范大学校内先锋路口
网　　店	http：//hdsdcbs.tmall.com
印 刷 者	北京季蜂印刷有限公司
开　　本	640×960　16 开
插　　页	1
印　　张	16
字　　数	192 千字
版　　次	2018 年 9 月第一版
印　　次	2018 年 9 月第一次
印　　数	6 100
书　　号	ISBN 978-7-5675-7766-4/G·11144
定　　价	45.00 元
出 版 人	王　焰

（如发现本版图书有印订质量问题，请寄回本社市场部调换或电话 021-62865537 联系）

序：我们能做什么

重新阅读这些文字的时候，那个在书中占有很多篇幅的果同学正在美国伯克利大学哈斯商学院的讲台上为学生们讲课。在伦敦政经学院读完博士以后，他立刻收到来自世界上32所顶级大学的邀请。加州的阳光和伯克利大学的热情感动了他，他选择了伯克利大学。现在，他是伯克利大学哈斯商学院最年轻的教授。他阳光，向上，自尊，独立。把这样一个青年交给这个世界，作为一个母亲，我没有任何的顾虑和担忧。

我至今不认为果同学是那种让人羡慕的别人家的孩子，也不认为他是一个教育成功的例子。因为人们在定义成功时，一直充满了偏见。人们把站在金字塔顶尖俯视众生定义为成功，而忽略了金字塔的基座是由百分之九十九的普通的、平凡的人组成的。

一个孩子能够健康长大，有自己的生活目标，并且坚定不移地向着这个目标前进；同时他能够惠及家人，惠及别人。在我看来，这就是教育成功的范例。

一个孩子的成长是艰难的，充满了很多不确定的因素。父母、老师、学校和社会的氛围、家庭背景、交往的朋友等等，这一切因素偶然地组合在一起，成就了一个孩子的成长。任何细微的失误和偏差，都可能改变一个孩子一生的道路。这就是我们的家长和老师的焦虑所在。

我们焦虑，是因为我们很难把握这一切，是因为我们缺乏这样的能力。

但是，我们至少可以努力做到一点：为孩子们营造一个宽容的、理智的、善意的和激励向上的环境。这是我们每个老师和家长要做的最艰巨的一门功课，也是我们唯一能够为孩子做的事情。

如果这本书中的某一篇文章，能为你们带来一点微小的、有价值的启示，那将是我最大的快慰。

程 玮

2018年5月于德国

目 录

第一辑　学校的骄傲

课程表以外的课 / 003

学校的骄傲 / 005

狐狸讲出的惊天秘密 / 008

虎妈未遂 / 011

用你的一生，伴他一程 / 014

那远航的白帆 / 016

猜一猜，毕业合影还缺谁 / 018

享受经典 / 020

家长会 / 022

母语的印记 / 025

天才和非天才的距离 / 027

妥　协 / 029

大路和小路 / 031

对孩子说"不"的时候 / 033

举手表决 / 035

不一样的伦敦 / 038

你就代表中国人 / 040

路遥、日久和三分钟 / 042

比窦娥还冤 / 044

标新立异 / 046

定义成功 / 048

童年之约 / 050

童年的星辰 / 052

生命成长中的小游戏 / 054

为了父亲的尊严 / 056

门为谁开 / 058

午夜惊梦 / 060

老师的课外课 / 062

第二辑　家是你永久的港湾

母子私语 / 069

母亲节的玫瑰 / 072

让孩子走进厨房 / 074

烹调的文化底蕴 / 076

我栽了 / 078

阳光的感觉 / 080

女友登门 / 082

红灯和绿灯 / 084

巴西小乌龟 / 086

谁是圣诞老人 / 090

圣诞节的礼物 / 092

成长的失落 / 094

家是你永久的港湾 / 096

爱到不再爱 / 098

密码改了 / 101

交叉与平行 / 103

转过脸去 / 105

网络传情 / 107

不寻常的晚餐 / 109

第三辑　理性的声音

彼尔的胜利 / 113

理性的声音 / 115

看德国人吵架 / 117

一个德国教授和三条狗 / 119

德国式排队 / 122

在德国做朗读者 / 124

德国的大学考试 / 126

德国总统和邮票 / 128

感动德国的另类爱情 / 130

柏林钉子户 / 132

邓布利多吃饭的桌子 / 134

牛津的牛 / 136

学子的朝圣地 / 138

在牛津的高桌就餐 / 140

牛津的噩梦 / 142

牛津的第一次作业 / 144

女人的爱憎 / 146

普罗旺斯小餐馆 / 148

奢侈生活 / 150

修修补补的人生 / 152

有一种幸福叫给予 / 154

岁月的温情 / 156

按不按门铃 / 158

有一种财富叫记忆 / 160

万金家书 / 162

守护的星辰 / 164

契约的力量 / 166

雪茄的故事 / 168

买单文化 / 170

西媒东媒 / 172

边走边读 / 174

山那边海那边 / 176

听话听音 / 178

巴别塔 / 180

那一个微笑 / 183

听　歌 / 185

大家的英语 / 187

赴约的女人 / 190

信箱里的故事 / 192

想起张纯如 / 194

女　性 / 196

手袋里的灯 / 198

岁月如歌 / 200

黄昏的祈祷 / 202

相　守 / 204

请丽莎给约根打电话 / 206

柏林之恋 / 208

第四辑　生命的尊严

清　涧 / 213

夜莺的歌唱 / 216

天价爬虫 / 219

静夜鹿舞 / 221

内服和外敷 / 223

天　物 / 226

渐近的冰山 / 228

绿色的人们 / 230

白鹳飞去的那边 / 232

拯救曼陀铃 / 234

鸟类世界的公平正义 / 236

野性的秋天 / 238

岁月静好 / 240

我们的明天怎么过 / 242

生命的尊严 / 244

第一辑　学校的骄傲

课程表以外的课

有一年家里装修，我负责在家为两个装修工人煮咖啡、打电话叫外卖什么的。这两个德国人对我彬彬有礼，但我知道他们心里是看不起女人的，尤其是一个外国女人。我提了很多装修意见，他们左耳朵进右耳朵出。可同样的话从男主人的嘴里讲出来，他们就会不折不扣地去执行。一天下午，他们坐在厨房里休息喝咖啡，果同学拿着数学作业本走进来，向我请教一个三角函数的问题。我三言两语解释了一下，他就回自己房间去了。这时候，我发现这两个工人用很崇敬的目光看着我。他们问："您还会这个？"我心里想，我会的东西太多了，说出来怕吓着你们，就轻描淡写地说："是啊，小菜一碟啦。"从此我说的话对于他们来说就成了最高指令。

回想一下，走出校门到现在，我在初中高中学到的数学知识，除了偶尔指点一下果同学和吓唬一下德国工人以外，从没真正派上过用场。再回头想想，其实我们课程表上的很多课，除了应付考试以外，在平常的生活中是很少用到的。

一个人的初高中阶段，精力旺盛，思维活跃，什么都想做，什么都想试，唯独不想坐在教室里上枯燥的课。德国的学校这些年来一直在尝试，希望能让这个年龄段的学生学一些课程表以外的本领。

回想起果同学在这个年龄段，他们的学校就组织过几次特别的活动。一次是夏天划船。把孩子弄到一个湖边，住帐篷，自己做饭，一共是十天的时间。我纳闷划船怎么要学十天，果同学说，这不是公园里的那种游艇,是真正参加奥运会的划艇,很难学,弄不好就掉到湖里了。我纳闷的是:奥运会需要这么多划艇选手吗?还有一次是冬天滑雪。把孩子拉到阿尔卑斯山上,住在木头房子里,没有暖气,没有热水,每天练习滑雪,也是十天的时间。有些家长在家长会上开玩笑说:我们的孩子除了射击还没学,007会的本事应该都已经学全了吧?

几年以后的冬天,我坐在瑞典滑雪场的咖啡座里,看着果同学一次次从高远的山坡上一往无前地滑下来,飞速地把一群人甩在后面,当妈妈的很自豪地想:我们就是不参加奥运会,不当007,以后在女朋友面前露一手也值。

各个学校都有自己的高招。波茨坦有一个学校,每个月安排学生出去当一个星期的建筑工,他们去修建前东德遗留下来的一个度假村。清除垃圾、搬运建材、伐木锯木,还学习画图纸。看着废墟一样的房子在自己的手底下渐渐翻新,这些学生的兴趣一天比一天浓。他们觉得与其坐在教室里学那些今后可能很少用得上的课程,还不如实实在在地学一点手艺。谁家的房子不需要修修弄弄呢?

汉堡有一个中学,把不想坐在教室里上课的学生组织起来,用三个星期的时间,步行200公里,翻越阿尔卑斯山。一路上风餐露宿,历经艰险。有时候一天步行10个小时,有时候一天吃不上一顿热饭。活动结束以后,学校发给每个参加活动的学生一张征求意见表,第一项是:你愿不愿意再次参加这样的活动?回答是一致的:愿意。第二项是:你通过这次活动学到了什么?回答也是一致的:吃苦、独立、团结。有一个学生说,现在每当遇到困难,他都会对自己说:你这家伙,连阿尔卑斯山都翻过去了,还有什么过不去的?

从课程表来看,这些学生确实少上了很多课,但他们学到的,是能够伴随他们一生一世的生存技能。从长远来看,这样做很值。

学校的骄傲

德国法兰克福有一个很另类的学校——自由学校。这是一个被国家正式认可的学校。其实，刚开始办学的时候，国家并没有轻易认可它，学校跟政府机构打了好几年的官司，一诉再诉，最后一直上诉到联邦最高法院，才把官司打赢。

这个学校创建于 1974 年。全校一共有 50 名学生，年龄在 3—12 岁之间。还有 10 名老师，外加一个厨师。这个学校的教育宗旨是：反对权威，提倡独立思考。不分班，没有固定的课程。由学生自己决定，学什么，在哪里学，什么时候学，怎么学。3 岁的学生如果有兴趣，可以跟着 12 岁的学生一起学算术。如果哪天有个学生没有兴趣学习，在操场上荡一天秋千也绝不会被老师批评。老师和学生是平等的关系，老师的工作是帮助学生学习他想学的东西。玩和学习是结合在一起的，所以这个学校没有作息时间表，更没有分数这一说——创建者的解释是，分数本身就带有权威性质，所以在这个反权威的学校就不应该存在。学期结束时，家长会收到一封很长的信，那是老师对孩子一个学期的评语。

这 50 个学生到底是怎么学习的呢？举个简单的例子，学校组织去阿尔卑斯山春游，整整一个星期全校都围绕这个主题学习。有的孩子研究高山植物，也许就研究到了史前社会。有的孩子研究地理，也许一直研究到板块碰撞。因为出去春游要坐火车，有的孩子研究火车的历史，或许从蒸汽火车一直研究到磁悬浮。最后他们各自写出一篇文章，把自己的研究心得跟大家分享。

那些三四岁的小萝卜头力所能及地学习拼写，把春游需要带的东西列成一个单子，然后发到每个人手里。学习的内容广博悠远，丰富多彩，一个星期就这样过去了。

这个学校招生的对象是3—6岁的孩子。学校有一个招生委员会，由一名老师和两名家长组成。通过和孩子家长的谈话，他们最终决定收谁不收谁。这个学校的学费并不贵，基本上每个德国家庭都可以承受。

等孩子到13岁的时候，必须进入正常的学校去学习。所以学校专门为那些十一二岁的孩子配备了老师，帮他们进入正常的学校做准备工作。

当年跟政府机构不屈不挠地打官司的学校主要创始人是个女教师，现在已经白发苍苍。电视台碰到有关教育的脱口秀，偶尔也会把她请来秀一秀，因为她的教育观实在是太另类了。

最近的一次脱口秀上，主持人委婉地问她，她的学生13岁以后转到正常的学校，是不是会不适应？她回答说，不管哪个学校的学生，转校总有一个适应的过程。主持人委婉地问，她的学生中是不是有一些特别值得学校骄傲的人才？她的回答也很另类，她说：您的意思是指获这个或那个奖。这些发奖的机构本身就是权威，我的学生们不会太重视它们。主持人又换个方式问她的学生大部分从事什么工作。她很耐心很安静地回答说，他们都是有正义感的、善良的、有能力养家糊口的纳税人，这样的学生，都是学校的骄傲。

我一开始听得不以为然。我的孩子就是笨得上天入地，我也绝不会把他送进这样的学校。我希望我的孩子一学期下来的成绩单上是爽爽气气的分数，而不是密密麻麻的三页文字，让我们到字里行间去推敲老师的微言大义。但是,她最后一句话深深打动了我。

有正义感,善良,能养家活口,还能给国家缴税,这是一个最普通也是最可贵的公民。一个健康的社会,就是由无数这样的公民组成的。能够培养出这样的公民,就是学校的骄傲。

狐狸讲出的惊天秘密

《小王子》中有一位很了不起的哲学家,那就是小王子在苹果树下遇见的狐狸。狐狸请求小王子驯养他,并且要求小王子每天在固定的时间来看望自己。狐狸说,这样一来,他就能体会到一种等待的感觉,一种幸福的感觉,小王子的来访因此就成为一种仪式。仪式这东西很重要,它能够使某一天跟其他的日子不同,使某一时刻跟其他的时刻不同。

德国的学校是很注重各种大小仪式的。老师和学生们永远怀着最大的热情组织和参与这样的仪式,小到某个孩子的生日。生日这天,家长会烤一个蛋糕送到孩子的班级里去。在上课以前,老师会带领全班同学为这个孩子唱生日歌,祝这个孩子生日快乐。课间休息的时候,全班同学就共同分享这个蛋糕。如果学校较小,学生不多,校长也会在这一天来到教室里,为过生日的孩子送上祝福。

大的仪式有毕业典礼,特别是中学的毕业典礼。学校的老师们提前很多天就开始精心策划和组织这个典礼,使其成为每个学生生命中永远的记忆。果同学上的中学是一所很古老的学校,已经有几百年的历史。这个学校毕业典礼的每一个仪式和程序,都已经持续了几百年。

记得毕业典礼那天,身着正装的家长们在礼堂里黑压压地坐了一片。在学校乐团演奏的音乐声中,任课老师们走了进来,白发苍苍的校友们走了进来,最后全体起立,迎接应届毕业生进场。从来都穿着套头衫和牛仔裤的孩子们第一次穿上西服和长裙，立刻变成一群俊男美女，让家长们惊喜万分。

在校长、毕业生代表、教师和校友致辞以后，校长按着名字的字母顺序，把每一个毕业生都叫到讲台上，和他们握手，拥抱，把毕业证书交到他们手里，再送上一支玫瑰花。到典礼的尾声，学校合唱队高声唱起门德尔松的送别歌。歌词说：我们出发了，我们出发了，我们出发走向世界。守护的天使将永远伴随我们……

歌声中，礼堂的门缓缓打开。校长眷恋而感慨地逐一注视着毕业班的每个学生，大声说："我年轻的女士们和先生们，在过去的九年里，我们已经尽了最大的努力，我们做了我们能做到的一切。祝大家成功，祝大家好运。当你们以后把你们的孩子送到这里的时候，母校会张开双臂迎接他们，拥抱他们。可是现在，你们面前有很远的路要走。校门已经打开，外面的世界在向你们招手，我的年轻人们，时候到了！"

全体起立，音乐奏起。白发苍苍、老态龙钟的校友们率先走了出去，我想这体现了一种引路的象征。紧跟着，是毕业班的学生们。男生西装革履，女生长裙曳地。他们一个接一个，静静地走了出去。老师和家长们肃穆地站立着，目送他们的背影，从心底里为他们送上最真挚的祝福。

果同学说，在他过去几年为学长们的毕业典礼演奏时，每到这个时候，他都看到学长们的眼睛里满含泪水。他说，他到了这一刻，一定也会流泪的。我没有看到他是否流泪，因为我自己已经热泪盈眶。

学校的大门旁边站着一个低年级的学生，每当一个毕业生走出校门的时候，那男孩就牵动钟绳，为他敲响一声钟，是祝福，也是送行。

钟声里，一群鸽子从蓝天下学校古老的钟楼前飞过。

整个毕业典礼，从开始到结束，就像一幕歌剧一样有声有色。一个孩子读了十多年的书，母校以这样一个隆重的仪式为他送行，于是，在他一生的岁月里，永远拥有了这难忘的一天。

虎妈未遂

说起来，我应该是名正言顺的虎妈，因为我儿子就属虎。我好像也一直顽强地向虎妈的方向努力，但是很少成功。

果同学小时候的第一个理想是当一个清洁工，在马路上扫垃圾。一个孩子有了这样的理想，当家长的几乎就没有退路了。很多家长激励孩子的时候经常说：你要好好学习，要不然，长大了就去扫马路。现在人家的理想直接就奔着扫马路去，当妈的就是想励志也想不出新招了。

三年级的时候，有一次果同学算术考试考了个3，相当于中国的七八十分。我十分生气，因为他平时算术很不错的，完全是粗心大意造成的。于是我开始训斥他，越训越来火。正在这时，有个德国朋友打电话来，他跟我交谈了几句，觉出我说话的口气有点反常，就问我出了什么事。我坦率地告诉他，因为儿子的算术考了个3。他在电话里大笑起来，他说，如果孩子考个3就这么生气，他那可怜的妈妈当年一定不到40岁就被他活活气死了。3已经很好很好了啊，你还想要多少？是的，德国妈妈只要孩子考及格了，就很满足很开心。

虎妈的招牌标志是强迫孩子学乐器，这样的事情我也不是没做过。果同学一年级开始学弹钢琴，上完钢琴课回家，他就把这事扔到一边去了。我的感觉是，他认为只有到钢琴老师那里，才需要弹钢琴。当果同学还是一颗种子深埋在我的身体里时，我就发誓绝不强迫他做他不喜欢的事情，既然他不喜欢弹，那我也就不强迫了。到中学以后，他突然明白，钢琴必须弹得出类拔萃才能有演奏的机会，而小提琴只要能拉拉，就能坐到台上滥竽充数，所以他毫不犹豫地改学小提琴。

我多方打听，好不容易给他找了个小提琴老师。这老师很有名，住得离学校很近，找他的家长排成长队。第一次见面，老师说先要听听乐感，让他唱首歌，谁知他一口拒绝，说他在学校从来都是合唱，没有独唱过。老师拿他不知怎么办，就好言好语地对我说："小提琴对乐感的要求很高，不是每个孩子都可以学小提琴的，或许这孩子可以去学别的乐器，比如长笛什么的。"我说："我明白，我小时候也学过小提琴，现在干的是别的，但我一点不后悔当初学了小提琴。我不指望孩子能成为帕格尼尼什么的，我只希望他能参加学校乐团，多一个交往的圈子。"

后来，果同学的小提琴学得三天打鱼两天晒网，基本上除了去老师那里，我很少听到他练琴。我是个讲信用的妈妈，所以继续不去强迫他。有一次，我听他一连几天都练同一首曲子，并且总是拉到同一个地方就跌跌爬爬拉不下去。我问他是不是学校又要开音乐会了。他说不是，是要去伦敦演出。他补充说，是去伦敦的友好学校演出。我觉得这关系到他们这所几百年老校的声誉问题，就问学校乐团里是不是有很多比他拉得好的小提琴手。他说自从一个天才女孩毕业以后，大家水平都差不多，这次肯定要丢人了。不过，音乐会不重要，十几分钟就过去了，重要的是交朋友。

于是果同学的小提琴就永远停留在交朋友的水准上了。

在上大学以后的某一天，他回家来取小提琴，说他想参加大学的乐团。我和他一起打开了被冷落了很久的小提琴，回忆起当年第一次见小提琴老师的情景。果同学谴责地说:"如果你当年对我要求严一点,我的小提琴还会拉得好一点。我那时候小,哪知道什么是好什么是不好。一个妈妈让孩子想干什么就干什么,也太不负责任了!"

看来,当虎妈不当虎妈,最终都会挨骂。

用你的一生，伴他一程

邻居家里有个小小的餐厅，四周墙壁上挂满了各种式样、各种大小的布丁模。它们有的像玫瑰，有的像鱼，有的像贝壳，有的像心，都是用洁白细腻的瓷器做成的，每一件都像精美的艺术品。女主人有一儿一女两个孩子，他们都已经成年，各自有了孩子。女主人说，如果家里谁过生日，谁就有权利在这些布丁模中挑选一个自己最心爱的，她就拿它做一个生日布丁。

听着听着，我突然热泪盈眶。因为这样的一份闲情雅致，在果同学童年的时候，我却没有能够给予他。那时候的我，一脑子的拍摄计划和行程安排。我最操心的是，怎么能够把拍摄行程和儿子的假期结合起来，在我回国拍摄时，能顺便把果同学带回去，拍摄结束以后再带回来。我最头疼的是，怎么能够以最快的速度做出又美味又健康的食物，而且最好在一周之内不重复。果同学生日的时候，我会去蛋糕店，买一个看起来像自己烤的蛋糕。那些年我在尽心尽力地做母亲、做家庭主妇的同时，还想做一个成功的女人。

如果时光能够倒流，我一定会毫不犹豫地选择做一个全职妈妈。我会让果同学每天回家的时候，都有妈妈为他开门。我会为果同学的生日精心制作蛋糕和各种布丁，让他和小伙伴们吃得欢天喜地。我会每天晚上，在温暖的灯光下，端上几道热气腾腾的家常菜，让全家人围坐在灯下，一边吃饭，一边聊天。我会在复活节和他一起画彩蛋，在圣诞节和他一起烤饼干。

在德国，全职妈妈是一种体面的、受人尊敬的职业，并且有众多的法律条例作为全职妈妈的后盾。法律规定，一个职业妇女生产以后，可以有三年的时间留职停薪在家抚养孩子。她的职位可以找临时工顶替，但绝对为她保留。即使三年以后，她还有权利继续延长自己的抚养年假。在计算养老金的时候，抚养孩子的时间也会被计算进去。近年来，德国的全职爸爸也开始流行。年轻的父母权衡利弊，如果觉得女方出去工作对家庭更有好处，男方就可以申请担任全职爸爸。在德国马路上，经常可以看到，很多男子汉推着儿童车，在阳光下不慌不忙地散步。父母亲为养育孩子而暂时放弃自己的事业，在德国人的观念中是天经地义的。

德国著名女网球选手施特菲·格拉芙和美国著名男网球选手安德烈·阿加西，堪称网球史上的金童玉女。他们结婚生子以后，为了养育孩子，格拉芙毫不犹豫，彻底退出了网球界。在为她举行的告别网坛晚会上，她的丈夫这样对她说："你，亲爱的妻子，在我们的孩子需要你的时候，你毫不犹豫地把你心爱的网球拍放到一边，全身心地把孩子拥入怀抱。作为一个父亲，我对你的感激无以复加，难以言表。我和我们的孩子，会感谢你一辈子……"

所有在场的父亲母亲们，都流下了眼泪。

爱孩子，就把你的时间送给他。用你的一生，伴他一程。

那远航的白帆

有一天，我去一个德国小学一年级的班级听课。他们正在学地理，黑板上挂着一张世界地图，上面没有标明国家的名字，而是画了和那个国家有关的动物、植物或者建筑物。老师让孩子们找出德国，每个孩子都举起了手，一个女孩子被请到黑板前，她轻松地拿起教鞭，点到最中间那个画着一个勃兰登堡大门的地方。我也是出了国以后才知道，每个国家的世界地图都是不一样的，因为大家都把自己国家放在地图最中间的位置。

一定是因为我的缘故，接下来老师让孩子们寻找中国。这个问题有难度，举手的孩子只有三个，两个男孩和一个女孩。老师把这三个孩子一起请到黑板前，让他们先商量一下，再告诉全班同学一个正确的答案。

这三个孩子显然意见很不一致。一个男孩把手指头直接点到最下边的南极，一个男孩指到地图最左边的日本。那个女孩很有把握，指点着画有熊猫的地方。三个孩子低声商量了几句，统一了意见，然后转过身来面对大家。老师让那个点南极的男孩子向全班同学宣布答案。那个男孩接过老师的教鞭，重重地点在大熊猫上面，大声说："这里！"

老师也大声说"正确"，并带头鼓起了掌。三个孩子在全体掌声中容光焕发地回到了自己的座位上。

下课后我问老师，为什么第一个问题让一个孩子上讲台，而第二个问题却让三个孩子同时上讲台？老师说，第一，因为第二个问题举手的孩子不多,那些敢于举手的孩子,应该受到鼓励。第二,她知道第一个男孩肯定不知道答案,第二个男孩是否知道,她没有把握。但是,那个女孩子是肯定知道答案的,因为她的爸爸去过中国。第三,也是最重要的,第一个男孩子最喜欢举手,但每次都答错。所以,她要为他提供一个答对的机会。最后,她说,其实问题的答案不重要,重要的是,站在讲台上的老师要寻找每一个机会赞扬孩子,提高孩子的自信。她很得意地说,今天她终于找到了一个好机会。

人生就像一艘远航的船,而人的自信,就是那船上的白帆。

猜一猜，毕业合影还缺谁

夏天的一个上午，一个德国小学毕业班的孩子们在校门口一排排或坐着或站着，准备拍毕业纪念照。班主任事先对孩子们说过，他们可以邀请他们喜欢的老师来合影，不管是给他们上过课的还是没有上过课的。孩子们郑重其事地列了一份邀请名单，并且分头通知了被邀请人。

校长来了，好几个老师也来了，就在摄影师让大家看着镜头准备说"奇士"的时候，孩子们开始不安起来，东看看西看看，开始交头接耳。

老师问："还缺谁吗？"有几个孩子大声说："还缺一个，乌里先生还没来呢！"

这位乌里先生不是老师，是这个小学的校工。具体说来，乌里先生的工作就是每天早上开校门，每天傍晚锁校门。在锁校门之前，他挺着胖胖的肚子像将军一样到每个教室巡视一遍，关掉别人忘关的灯，拧紧洗手间滴水的水龙头。如果有孩子把东西落在学校的哪个角落里了，他会小心地收起来，放到失物认领处。如果是重要的东西，他会晚一点离开，等着家长赶回来取。他总是笑眯眯地面对学校里的每一个孩子。课间休息时，遇见大个子孩子欺负小个子孩子，他会好言好语地相劝。所以，每个孩子都喜欢这个胖胖的、主持正义的、亲切和气的乌里先生。

我想，这些孩子的老师和家长们，一定从来没有在孩子面前说过任何歧视校工工作的话,也没有过任何轻视乌里先生的表现。这些孩子从来没有听过任何人说过这样的话:"你不好好念书,以后看大门去!"德国的孩子从小接受的价值观是:尊重劳动。一个人只要认真工作,不管是校长还是校工,在孩子们的眼里,他们的地位是平等的,都是值得敬重的。

大家安静地站在大太阳下面等着。终于,乌里先生被孩子们找来了,大家用掌声欢迎他,等他在第一排坐下来,摄影师才举起了相机。

这张毕业合影本身,已经体现出这个学校教育的成功。它远比学校获得的各种奖项和荣誉,珍贵得多。

享受经典

一个星期天午睡醒来,小学一年级的果同学站在床头,大义凛然地向我们背诵莎士比亚的千古名言:"生存还是死亡,这是一个问题。"

我吃了一惊,没想到孩子这么早就开始接触经典戏剧。

在德国,如果一个小学生一本正经地跟你说他们正在排练戏剧,你千万别以为他是个表演天才,他可能刚刚学会流利地把一个稍长一点的句子一口气读完,也可能他根本就是个结巴。但是,他们确实在排练戏剧,因为这是他们语文教学很重要的一部分内容。参加戏剧演出的,不一定是那些说话伶俐、聪明漂亮的优等生,每个学生都可以自选一个角色,然后参加排练。

小学的时候,他们会排练《小红帽》《灰姑娘》《白雪公主》。

初中的时候,他们会排练《罗密欧与朱丽叶》《哈姆雷特》。

高中的时候,他们会排练《浮士德》《阴谋与爱情》。

这些戏剧,最后可能在某一个圣诞晚会上为家长演出,也可能在某一个慈善机构的募捐活动上演出,也可能就在课堂上,自己表演给自己看,自娱自乐一番。没有人关心排练戏剧的结果,重要的是排练的过程。因为一个资深德国教师告诉我,学生们通过排练一场戏剧学到的东西,远远超过平时一节语文课的内容。

经典童话一般没有现成的剧本。老师和学生们一遍遍地朗读、讨论。先分出段落,这样就完成了话剧的分幕。然后把对话和叙事区分出来,于是就有了台词和表演的内容。经过这些阶段,每个学生都知道了原来剧本是这样写出来的。

分角色排练的过程，实际上是一个培养朗读能力的过程。学生们学会应该怎样通过语气表现出自己的爱和恨，悲伤和热情。

最后通过一遍遍的排练，让那些经典佳句慢慢融进他们的记忆里，伴随他们一辈子。

文学的气质，或许就是这样形成的。

也还是这个资深教师，在一个星期天的下午邀请大家去她家喝咖啡。喝咖啡之前，她拿出德国作家凯斯特纳的一个剧本，由客人报名分角色朗读。在座的都是些事业有成的成年人，大家在喝咖啡的时候各自把自己角色的台词练习了一下，然后就兴致勃勃地开始朗读剧本。几乎每个人都把自己的角色读得有声有色，感觉就像听了一场货真价实的广播剧。一个冬日宁静的下午，就在这样的朗读声中优雅而充满情趣地过去了。

有一个问题我百思不得其解，为什么每个参与朗读的人听起来都像是训练有素的专业演员呢？答案是：几乎每个人都在学生时代排练过戏剧。很多人至今还能大段背诵《哈姆雷特》和《浮士德》。所以，偶尔再重温一次经典戏剧排练，对他们来说，实在是一种美好的享受。

让孩子把学习当成享受，我想，这是我们的老师和家长应该努力去尝试的。

家长会

德国的学校常常召开家长会，会上总是谈些鸡毛蒜皮的事情。比如果同学一年级的时候班级组织旅行，因为是孩子第一次离开父母外出旅行，大家都非常重视，家长会就开了两次。

我在家长会上基本不太发言。经验告诉我，我想到的和没有想到的，总有家长帮我先说了出来。而且我还注意到，在家长会上提意见最踊跃的，抱怨老师讲课不好或者作业太多的，总是那些功课不太好的孩子的家长。看明白了这一点，我就更加矜持起来。所以为了旅行召开的家长会，我也准备好只是带着耳朵去参加。

第一次家长会上，老师首先向我们大家介绍那个地方的环境和房间的格局，然后介绍陪同孩子一起去的老师。除了班主任以外，还有一个男老师，另外还有两个高年级的女同学，是去帮着做饭的。班主任是个50多岁的女人，她说她喜欢把丑话说在前头，她不会半夜三更爬起来到每个房间去检查，看看孩子都睡着了没有。到了应该睡觉的时候，她会把自己的房门关起来，一觉睡到大天亮。她说只有这样，她白天才有精力组织孩子活动。她的话说白了就是：到了晚上，即使孩子们上天入地，钻天打洞，我也照睡不误。世界上怎么有这么不负责任的老师？

我环顾四周，那些好学生"坏"学生的家长们都不动声色，我就把心里的不满压了下去。班主任继续说，跟去做饭的两个高年级女孩子是作为勤工俭学去的，虽然拿一点报酬，但她们毕竟还是孩子，所以她们是做不出山珍海味来的。每天吃一顿热餐，也就是面条和比萨饼什么的；晚上就吃黑面包，火腿加色拉。我心里想，这不是虐待咱们的孩子吗？看看周围的德国家长们，他们还是不动声色，居然没有人帮我说出我的意见，这种现象我还是第一次碰到。

第二次家长会，老师报了旅行的预算。钱不多，两顿热餐加五顿冷餐，再包一辆大巴士来回接送。然后规定了孩子随身带的零花钱，是一个很小的数目。因为那个地方是在森林里，没处花钱。唯一的花钱机会是他们去一个小镇参观蝴蝶博物馆的时候，可以买个冰淇淋，或者买张明信片什么的。班主任说，如果哪个家长执意要多给孩子零花钱，那就请家长把多给的那部分直接给老师，老师会想办法帮他们花出去的，比如说买些糖给全班的孩子们吃，或者多买一些水果，等等。班主任还说，如果要给孩子带零食，希望家长把零食也直接交给老师，老师会做主分给大家的。我心里想，听了这种话以后，哪个家长要再多给孩子零花钱和带零食，那他的脑子一定是坏掉了。最后班主任说，租车公司说，因为坐车的都是小孩子，怕把车弄脏了，要求在行车的两个小时中大家不能吃零食也不能喝饮料。这实在是一个很法西斯的规定。

看看周围的德国家长还是笑眯眯地不动声色，我知道指望不上别人为我代言了，终于举了举手说：这样做太不近情理了，不喝可乐，不喝果汁，起码可以让孩子带瓶矿泉水吧。

教室里一片寂静，老师和家长们都笑眯眯地看着我，没人反对也没人附和。停顿了一下，班主任笑笑说："您的意见我们回头再讨论好不好？"然后就像什么也没发生过一样，继续说着下面的议程。我坐在那里一头雾水，心里还有点生气。我轻易不大发言，难得发一次，人家竟然还不重视。

开完家长会,班主任走到我面前笑眯眯地说:"我知道您是个疼爱孩子的妈妈。我只是想跟您说,我们组织这样的活动,就是想培养孩子的独立精神和吃苦精神。一个孩子两个小时不喝水其实没什么大不了的。一个人的一生,总会有饥饿干渴的时候,让他从小就体会一下,这不是件好事情吗?"

于是我明白,孩子多做功课,脑子受苦,德国的妈妈会高声尖叫。孩子饥饿干渴,身体受苦,德国的妈妈根本就不会在乎。

而我跟她们的观念正好相反啊。

母语的印记

我是个很不讲原则的妈妈,一般来说,儿子的每一个心愿,我都把它看成是上级派下来的任务,会不折不扣地去完成。只有很少的时候,我会跟他说"不"。

偶尔有一天,果同学告诉我他的观察结果。他说:"凡是我用中文跟你商量事情,你总是同意的。如果用德文跟你商量事情,你就比较斤斤计较,还要问来问去。所以,一般重大的事情,我都用中文跟你商量。"

我仔细一想,确实这样。再仔细一想,立刻悟到了其中的道理。因为果同学说起中文来,总是有点奶声奶气,让我马上记起他小时候的样子,心里就软乎乎的,他还没张口,我就先点起头来。而他说德语的时候语气很成熟,让我听起来有点公事公办的意思。这么一来,头就会点得勉强一点,还会多问他几个为什么。

一个高高大大的中国孩子,如果讲起中文来奶声奶气,当妈妈的听了虽然比较舒服,但旁人听了,会觉得可笑。我猜这是中文词汇量的问题,比如说,果同学很长时间都把一本厚书说成一本胖书,因为厚和胖在德文里是一个词汇。比如说,把煮好的鸡蛋用冷水激一下,他会说,把鸡蛋吓一下,因为激和吓在德文里也是同一个词汇。

为了解决这个问题,我们先后两次把果同学送回中国去学中文,时间一个月到半年不等。学习完后,他的词汇量果然丰富了很多,还会说几个成语。但是,只要他一开口说中文,仍然会让我联想起他小时候的样子。这让我很困惑。

有天晚上看电视,看到一个有关娜塔莎·金斯基的访谈。金斯基是个德国人,后来去了好莱坞发展。她主演的《苔丝》和《德卡萨斯的巴黎》让她红遍了全球。算起来她也是个奔五的女人了,可是她说话的语气、神态和动作,都像一个十三四岁的德国女孩子,好像没长大,或者根本就是在装嫩,给人一种很奇特的感觉。我记起曾经看过金斯基用英文作的访谈,好像并没有留下这样的印象。

我突然觉得自己正在揭开一个谜底。我赶紧上网去查金斯基的资料,原来,金斯基是在 14 岁的时候跟着父亲从德国移民到美国的。也就是说,她的德语水准从此就停留在了 14 岁,她说德语时的神态、语气和动作,也都永久地停留在了 14 岁。

于是我也找到了答案,为什么果同学说中文总是能够打动我,因为他总是让我记起他的童年。

一株植物被从自己熟悉的土壤里连根拔起,种植到另一种土壤的过程,是一次阵痛的过程。这株植物虽然很快地适应了新的土壤,而且长得生机勃勃,但它经历过的阵痛,已经成为一种印记,被刻骨铭心地保留了下来,不会消失,也不会改变。

经常有朋友问我,孩子什么时候出国留学比较合适?我认为,是上了一年大学以后。这个时候他会经历阵痛,但母语留下的印记,已经是成熟的、完美的。

天才和非天才的距离

德国有一种儿童大学，这种大学并不是为那些天才儿童办的。"天才"这两个字其实是个很复杂的概念。差不多每个父母都私下里认为自己的孩子是天才。儿子中学期间，被招去参加一个天才学生培训班。妈妈当然为自己创造出了一个天才暗自得意。天才班结束时收到一封给家长的信，上面说，作为结业礼物，每个学生可以免费进行一次智商测试。当然，如果父母同意的话。

我当然很想知道果同学的智商有多高，还希望通过他的智商，间接推断出我自己的智商。可是我又想，万一测出来不是那么高，对孩子一定是一个很沉重的打击，甚至会使他从此一蹶不振。所以这种险不能冒。

可是，果同学却急切地想进行免费智商测试，说他很想对自己有个正确的了解。他从小到大并不觉得自己有多聪明，只是对学习比较感兴趣，可不知为什么给所有老师都留下了聪明的印象，这实在是很冤枉。如果一个非天才的学生考试考得好，大家会觉得他很努力。而一个天才的学生考好了是应该的，考得不好，大家会觉得他不用功，甚至还怀疑他是不是太骄傲。这样的学生做得很辛苦。

我认为他说得很有道理，就签字同意了。果同学做了测试，结果是中等稍偏上。他一身轻松，就像多年的冤假错案终于被平了反。最受打击的是我。第一，儿子很可惜不是天才。第二，根据进化论的原理推测，我的智商属于中下等。我从此超级鄙视智商测试，并且不厌其烦地告诫很多家长,不要给孩子做智商测试,别说免费,就是送钱也不做。本来还是个天才儿童,结果一测就成了非天才。

很多儿童心理学家认为天才源于兴趣。所以从 2003 年起,德国开始针对提高儿童的学习兴趣创办了儿童大学。儿童大学面向所有 8—12 岁的孩子。每年一届,每届持续两到三个月,每周一次课程。课是在大学的礼堂上,由最优秀的教授讲课,而且免费。

德国每个教授都以自己能为儿童大学授课为荣。一个教授要把他研究了几十年的课题,在四十分钟里跟孩子们讲清楚,而且让孩子们喜欢听。激发孩子们对这门学科的兴趣,对那些德高望重的教授们来说,是一个很大的挑战。他们往往花很多的时间为这堂课作准备,而且是利用业余时间,因为这是在尽义务。

有一年汉堡儿童大学的课程是这六大课题:

风从哪里来?大脑是怎么工作的?怎么把热量转化为电?为什么会有战争?为什么巧克力是棕色的?为什么火山会爆发?

每个孩子都要办一张学生证。每听一堂课,学生证上就会有一个章,盖满十个章的孩子,可以参加结业典礼。当年的结业典礼播放了一部关于地球气候变化的科教片,是专门为孩子制作的。

想通过儿童大学继续深造的家长们当然也是受欢迎的。前几年的规定是,家长可以在儿童的陪同下进入礼堂听课,但如果报名的孩子太多,家长们只能在别的教室通过视像转播听教授讲课。

其实不管智商有多高,只要有了兴趣,非天才和天才之间就是一步之遥。

妥 协

果同学洪堡大学的文凭到手后,开始全线撤离柏林。我们开车过去把他和他的软件一起运回来。那些沙发床、桌子板凳什么的,都送的送,卖的卖了。柏林比汉堡开放,随意,没那么多讲究,很对果同学的胃口。车子开过菩提树下大街,再远远看一眼洪堡大学的校门。再见,柏林。

柏林也是我喜欢的一个城市。上世纪 80 年代末,我出国进修,去的就是柏林,是西柏林。那时候,柏林墙还在。尽管没有多久就倒塌了,但说实在的,当时大家安居乐业,一点也没看出有什么崩溃的迹象。我和另一个中国学生,到了星期六就到东柏林那边去狠吃一顿,那里的东西很便宜。过柏林墙的时候,人家都排着很长的队等待过关,只有我们中国人来去自由,因为我们是社会主义国家的盟友,同志加兄弟。年轻的我,在海关第一次受到这样的礼遇,实在有点喜出望外。

记得有一次走过洪堡大学,校门口的雕塑充满了文化气息,我忍不住绕进去看一眼。主教学楼正面上楼的台阶那里,镶着一块大理石,我认出上面刻着马克思的名字,其他的字就不认识了。当时有个德国人在一边,用英文结结巴巴地跟我解释,大意是:哲学家的任务不在于解释世界,而在于改造世界。我听了心里有一种说不出的欢喜和感动。这个名字,这段话,对第一次走出国门的我来说,亲切得如同乡音一样。在那个时候,我怎么也不可能想到,很多年以后,我的儿子会去那里上学。

果同学先去了德国南部的一个大学，不喜欢那里，读了半年就自作主张，换到了洪堡大学。我们虽然很反对他的做法，但最终还是选择了沉默。因为上大学的那个人是他，不是我们。

我第一次去柏林看他时，他带着我参观洪堡大学。一进主楼他就得意洋洋地把大理石上的马克思语录指给我看。他说：洪堡大学出了那么多名人，他们偏偏就把马克思的话刻在这里，而且坚决不改变。这就是我喜欢洪堡大学的地方。我站在大理石刻面前，惊得一时间没有说出话来。我看到岁月带着我转了一个大圈子，最后回到了原来的地方。原来儿子上洪堡大学这件事很多年以前就注定了。

果同学后来去伦敦政经学院读硕士。他当时也申请了牛津，两个大学同时录取了他，他选择了前者。人家牛津给他打了几次电话，我也给他打了几次电话，都希望他认真选择。他说我有家庭妇女的品牌观念。在他学的学科里，伦敦政经学院排名第一。我说排名的形式很多，说明不了问题。他说，英国女王为了搞明白金融风暴的起因，专门到伦敦政经学院去找专家请教，而不是去牛津。我说，那只是因为老太太年纪大了，腿脚不方便，挑了个比较近的地方而已。费了半天口舌，他还是坚持他的选择。我这个当妈妈的，只能又一次选择沉默。牛津、剑桥是我的梦想，中国妈妈经常把自己的梦想让孩子去实现，我不能这样做。

其实我们早该明白，孩子长大的过程，就是父母与他妥协的过程。我们应该敢于妥协，善于妥协，乐于妥协，并且将妥协进行到底。

大路和小路

从我居住的城市到巴黎和伦敦的距离差不多,但感觉上伦敦总是个比较遥远的地方,轻易不会去那里。因为果同学在伦敦政经学院刚刚通过了硕士考试,我们就有了一个去伦敦的理由。

到伦敦时已经是傍晚。果同学说晚上有一个世界顶级的经济学教授在学院作一个公开讲座,主题是——在脆弱的社会体制下的民主意识。他问我们有没有兴趣一起去听,我和先生都毫不犹豫地说,当然去。没上过名校,在名校听名教授讲一次课也算是个经历。

讲座在一个很大的阶梯式会议厅举行。虽然学期考试已经结束,但基本上还是座无虚席。说实话,自从在德国生活以后,我的英语一直与日渐退,所以名教授的讲座,我大概只能听懂一半。可这听懂的一半,让我心里有点不爽。这个教授以肯尼亚为范例,讲述他对脆弱社会体制下推广民主的思路和建议。以我的理解是,他所说的民主的真正意义,其实是维护老牌资本主义国家在过去的殖民地国家的经济利益。

十分钟以后,前面几排的年轻人一起站起来,走了。尽管他们轻手轻脚,但还是给讲台上的人带来一点尴尬。我充满希望地看看果同学,可他稳稳地坐在那里,我只得放弃离开的念头。在后来教授和学生的对话里,我真希望果同学能像其他几个学生一样,向教授提出尖锐的质问。可是,果同学很乖地坐在那里,一脸好学生的样子。独自在外几年,果同学锋芒已经收敛,变得成熟了,或者说世故了。做妈妈的有点欣慰，也有一点失望。

讲座结束后，我们沿着泰晤士河散步。先生开始猛烈批评名教授的讲座。他曾在肯尼亚讲过学，对那里的情况很了解，所以他认为，这个教授根本不了解肯尼亚的真实情况。他说，名校名教授，绝不等于是真理。一个做学生的，在这样的地方更应该保持独立思考。果同学说，刚开始时，他也曾经站起来向一个名教授提问，他的问题是那样的尖锐和不讲情面，以至于那个教授当天在自己的博客里反复提到这件事。后来，他的朋友们都劝他不必认真。因为到这样的学校来读书，是来结识权威，而不是来挑战权威的。如果不小心得罪了哪个权威，而哪一天，这个权威正好处在决定果同学命运的位置上，他或许会很幸运，或许会很倒霉。所以，现在果同学选择了一个万无一失的做法。

我默默地跟着他们走，没有参与讨论。人生的道路，有两种选择：一条是康庄大道，顺着人流往前走，成群结队，目标明确，前途光明；一条是崎岖小路，孤身只影，前途莫测，可能最终奇峰独秀，也可能会走进迷谷和死角。先生是那个喜欢走小路的人。而作为一个母亲，我更希望孩子人生的道路走得顺畅、光明一些。

他选择大路，我会很高兴。他选择小路，我也会为他祝福。

不管是大路还是小路，归根到底，走路的人，是他自己。

对孩子说"不"的时候

在西藏拍摄的时候,有一天我们的车子停在藏北地区的一个小村庄旁。我正坐在车里,有个藏族男孩子在外面敲车窗。在偏远地区的小村庄,我们经常遇到这样敲窗的孩子,他们站在窗外向我们伸手要东西。我们车上有很多巧克力和糖果,就是给这样的孩子准备的。于是我摇下车窗,递给那孩子一块巧克力。让我吃惊的是,这孩子说他不要巧克力,然后我给他一罐可乐,他也不要。他说他要写字的笔。这个要求让我一阵感动。我把自己正在用的圆珠笔给他,可他还是不要。他说天气冷,圆珠笔写字不方便,而且没多久就用完了。

他说:"阿姨,给我一支铅笔。"

可是,阿姨没有铅笔,这个阿姨已经很多年没用过铅笔了。

我下车,逐个去问别的车上的人,但大家都没有铅笔。最后我很惭愧地站到他对面,对他摇摇头。在这个前不靠村后不靠店的地方,我给了他一样最没用的东西——钱。

我是个很少对孩子说"不"的母亲,没能满足这个孩子微小的愿望,我心里很难过。以后,凡是有朋友去西藏,问我要作什么准备,我总是把这个故事讲给他们听,请他们带点铅笔去。他们最初很感动,然后很茫然,最后很困惑,问我:带给谁呢,你有地址吗?我只能沉默,当然没有。就是有,普通的旅游者也到不了那个地方。

有一年果同学从英国回来过圣诞节,他说伦敦圣诞节前的很多大商场里竖着一棵圣诞树,上面挂满了卡片,是住在儿童村、难民营的孩子们的心愿卡。这些没有爸爸妈妈的孩子在卡片上写着他们希望从圣诞老人那里得到的礼物，还有他们的地址。商场就把这些心愿卡悬挂在圣诞树上，去那里购物的好心人会摘下一个心愿卡，买上面指定的礼物，由商场免费寄给孩子。

果同学是个理想主义者。在柏林，在伦敦，他都义务给贫民区的孩子补习功课。这次他一心想做一次圣诞老人，站在那里把心愿卡一张一张看过去。他发现卡上面写的几乎都是电脑游戏，而这些电脑游戏，大都需要最新的电脑系统支持运行。他说，如果有一个孩子希望要一本书，或者是学习工具作为圣诞礼物，他一定就去摘下来，满足孩子的心愿。可是，他没有发现这样的心愿。或许，他到得太迟，那些心愿卡已经被别人摘掉了。看完那些卡片，他在心里大声对这些孩子说了"不"。

离开圣诞树的时候，果同学说他心里还是有点难过。摘下一个卡片，付一点钱，就能让一个孩子得到快乐，真正是举手之劳，比他每个星期给孩子补课简单多了。但是，他说，买电脑游戏的钱，他们应该自己赚。

对孩子说"不"，有的时候出于无奈，有的时候出于理智。希望我们少一点无奈的时候，多一点理智的时候。

举手表决

果同学七年级的时候，考试得过一个3。这实在让我吃了一惊。德国的3相当于中国的七八十分，对于他来说，是创纪录的坏成绩。于是我很严肃地跟他探讨是怎么回事，他说主要是因为他们最近换了个数学老师，这个老师喜欢给大家打低分，他这个成绩在班里还算好的。我拒绝接受他的解释，说数学一是一，二是二的，你做对了题，老师有什么理由给你低分呢？

这话说了没几天，我就接到召开紧急家长会的通知。这次家长会的主题就是数学课。这样的家长会是由家长发言人召集的，家长发言人每个学期选举一次，每次选两个，一般都选那些时间比较宽裕，也比较关心学校的家长们，而这些家长的孩子一般都是功课不好的那种。或者说，就是因为自己孩子功课不好，那些家长才最关心学校的风吹草动。

家长会一开始，那几个功课不好的孩子的家长就开始向数学老师发难。听了半天我才明白，数学老师是从美国回来的，比较年轻，据说他上课时根本没有充分准备，好信口开河，而且出的考题和孩子们学的进度不一致，等等。我估计这几个家长的孩子数学成绩都不及格，所以她们都气急败坏。

被邀请列席的班主任不说话，很虚心地做着笔记，说把大家的意见都记下来，转达给数学老师。

家长会继续开下去，最终开成了一个对数学老师的声讨会。几乎所有的家长都不喜欢这个数学老师，更换老师的呼声越来越高。

其实我也有理由不喜欢这个老师，因为他给了果同学数学有史以来的最低分。可是听来听去，听得我渐渐反感起来。我想，这些家长仗着有钱有地位，明明是自己孩子功课不好，却把责任推给老师。一个年轻的、美国来的老师，对这个历史悠久的传统学校来说实在是一股不可多得的新鲜力量。就是人家刚开始有点不适应，也犯不着这样穷追猛打，万事都是开头难嘛。

不知不觉中，我在心里站到了那个从来没有见过面的年轻的数学老师一边。但我也不想犯众怒，就闭上嘴巴，拿定主意不呼应这些人的意见，来个沉默对抗。就在大家一边倒的时候，很少参加家长会的果同学的德国爸爸突然站起来说，他认为这样的批评方式对一个新老师很不公平。他还说，果同学虽然也得了低分，但果同学认为数学老师上课很有意思。对待新老师，大家应该给他时间，以鼓励为主。果同学的德国爸爸从来不是一个锋芒毕露的人，但他为了维护那个年轻的教师，宁可得罪在座的所有家长。那一刻我十分感动，心里真为他感到骄傲。

接着，班里最好的学生约翰·纳斯的妈妈也站起来，她是个教师，她说：作为一个教师，她认为家长们今晚的做法很不妥当。大家应该讨论的是，怎么帮助这个老师上好课，而不是吹哨子换人。

因为有了反对的声音，会议就出现了僵局。僵持到半夜，有人提议举手表决。

赞成更换老师的家长们举起了手，像森林一样黑压压一片。只有我们和约翰·纳斯的父母没有举手。这是班里功课最好的两个学生的家长，两票反对虽然无力回天，但有着不同寻常的意义。一直默不作声做笔记的班主任突然问，她是否可以把投反对票的家长的名字转达给数学老师。我和约翰·纳斯的妈妈远远交换了一个眼色,说:拜托您一定这样做。在德国学校,家长的影响力是很大的,家长会作出的决议,学校一般都得执行。果同学的数学老师最终还是换了,换了个年纪较大的数学博士。果同学说,其实年轻的数学老师也很好,只是彼此还没有习惯而已。

我告诉他,我们在家长会上投了反对票,虽然我们是失败的少数,但这一次真理掌握在少数人手里。我说:"儿子,你一定要帮我们争口气!"果同学大大咧咧地说:"你们就放心吧,哪怕每天换一个数学老师,我也一定考个前三名给大家看看。"

不一样的伦敦

春日温暖的下午,我沿着泰晤士河,慢慢地从伦敦大桥走到西敏寺。一路上走走停停,有时候会在河边的小酒馆坐下来,喝杯咖啡,看着浅蓝天空中舒展的淡云,心境平和、安宁。

还记得十年前在伦敦拍摄的那些天的焦虑和担忧,记得那时候每天早晨起床后的第一件事是拉开窗帘,像老农一样观察天气,祈祷着这天风和日丽,祈祷太阳把大笨钟照得金光闪亮,哪怕只是短短的几分钟。那样的心境,恍若隔世。很庆幸开始与影视渐行渐远,天气好坏,与我何干?现在连电视机都已经很少打开了。

果同学在伦敦读博士,他的公寓安静舒适,我们住在他那里。每次出门以前,他都要千叮万嘱,怕我们找不到我们想去的地方,看不到我们想看的东西。隔一段时间,他就发个微信确认一下我们的位置。当年家长和孩子的地位,现在已经发生了倾斜,我们惊恐地发现,我们能够帮助他的地方已经很少了。

终于,离开伦敦的前一天,我在果同学的衣柜里发现了一大堆皱巴巴的衬衣。我很开心地开始熨这些衬衣,捎带着也帮果同学的现任女朋友熨了几件衣服。这个剑桥毕业的金发姑娘不会熨衣服,不会做饭。我喜欢果同学身边的每一个女孩子,而这一任陪着果同学在伦敦打拼,让我对她又多了一份怜爱。因此这些小毛病我直接就忽略不计了。

我熨得仔细而认真,一边熨一边告诉果同学,男人可以不穿衬衣,如果穿，必须穿平整的衬衣。一个男人首先应该学会给自己熨衬衣，这是学做绅士的第一步。我向他们演示怎么熨领子，怎么熨门襟。提醒他们，凡是送洗的衬衣，一定让店里折叠起来，千万不要挂在衣架上。这样收藏方便，旅行带起来也方便。最后认真建议他们买一个新的熨衣板。

厨房洗碗池的下水道堵上了，先生自告奋勇地进行疏通。果同学家里没有修理工具，先生用勺子代替改锥，并且让果同学站在一边，一步步讲解给他听，并告诉他一定要学会这样简单的修理。否则，打电话，约时间，等人上门疏通，很浪费时间。

熨衣服，疏通下水道，这种我们在家里自己也不喜欢做的家务，到了伦敦我们却做得神圣而隆重。每一件家务事，在我们眼里都变得意味深长。

我们曾经教过果同学很多知识，等他自立门户的时候，才吃惊地发现，柴米油盐的平常生活，我们竟然忘记教了。

你就代表中国人

有一次我们在一个很小的村子里的一个很小的教堂,看人家做仪式。教堂虽然小,但建筑非常古朴,在烛光的映衬下非常有情调。坐在长条椅上的我悄悄掏出照相机,准备照张相。

这时候,坐在我旁边的果同学一把抓住我的手,说:"妈妈,你不可以拍照!在教堂拍照是不尊重人家。"

我说:"我不打闪光灯。"

他说:"也不可以。这是不尊重人家的宗教。"

一个当妈的照张相还被儿子管着,心里很不平衡。我说:"在梵蒂冈的圣彼得大教堂,在巴黎圣母院,满地都是照相的人,你怎么不到那里去管人家?"

果同学说:"那是在大地方,是旅游地,你在那里照我也不管你。但这里是个小村子,他们还没见过中国人,只从报纸上读到过中国旅游者的不文明的事情。现在你站起来照相,正好让他们证实了报纸上的那些文章是真的。"他停了一停,特别强调说:"在这里,你就代表中国人!"

我这个做妈的竟然脸红起来,悄悄地把照相机塞进手提包里。

我记起有一次在古城海德堡山顶上的一个古堡里,看到一个古老的、巨大的橡木酒桶,所有的游客都怀着朝圣般的心情去参观那个酒桶。可是,在酒桶的正面,雪白耀眼地用中文写着四个中国人的名字,不是用粉笔,而是用一种牢固的油漆。

游客们在酒桶前留影，并对那几个中文名字指指点点。我问古堡里的工作人员，为什么不想办法除去那些名字。他们很冷静地说："不，如果除去了，他们还会写。留着它们，别的游客会明白，这是多么耻辱、多么丢人的一件事情，就不会有人再做了。"

这是几年以前的事了，我不知道那些名字是不是还像钉在耻辱柱上一样，刻写在那个酒桶上。我真希望它们已经消失，而且永远不再出现。

我这个人一向讨厌讲空洞的爱国道理，但是我想，每个中国人如果能在国外做一个文明的人，那他就是对自己国家最大的爱护了。

路遥、日久和三分钟

每次看完果同学的成绩单,我就要叹气。不用我开口,果同学马上就说:"我知道,你就是想说,我既不聪明,又不用功,就是嘴巴会说。所以把老师从幼儿园一路骗到高中,个个给我一个好分数。老师都是在害我,我将来到了社会上要吃大亏的。"他这么有自知之明,倒让我有点不好意思。凭良心说,我这个当妈的最拿手的事就是,在果同学把自己看成天才时,我就把他说成庸才;当果同学把自己看成庸才时,我就把他夸成天才。我语重心长地把"路遥知马力,日久见人心"的古训跟他讲了一遍,忠告他混一时可以,混一世是不可能的,还是要静下心来做学问。果同学听了不以为然,说这都是过时的道理,一分钱不值。他的理论是三分钟搞定。

果同学高中毕业后,把成绩单和申请表往德国几所热门大学的热门专业一寄,就回中国旅游了。留守在家的我不久就接到一个大学的通知,让他在五天以后的几点几分,去德国南部大学的某个办公室,接受教授的面试。说如果不去,就算自动放弃;如果去了,希望也不是很大,面试和录取的比例是3∶1。这个时候果同学还在南京东游西荡。我赶紧给他打电话,告诉他,这个大学虽然口气很牛,但是他内定的一号目标。从排的面试时间表来看,每人只有十五分钟的面试时间,要他好好作准备。我还想跟他商量怎么去那个城市,在哪里过夜。他大大咧咧地说,我就不要管了,他能搞定。他从中国飞过来,在法兰克福下了飞机转火车,风尘仆仆地去面试,五分钟以后就被教授打发出来了。教授问他平时读什么杂志，还申请了什么大学。然后就说，他们一定会抢在别的大学前面录取他，让果同学回去作准备。

后来，他果然上了这个大学。没几个月，他就申请到了据说是大学最好的学生宿舍，古老的教堂式的楼房，像哈利·波特的宿舍，还很便宜。同学和朋友听说了都觉得奇怪，不知道他怎么会有这样的运气。他说，听说那里有个房间空出来了，就去申请。这个宿舍是学生自己管理，让什么人住进来，由老住户说了算。那些人从众多的申请表里挑了五六个人，请他们去见面。老住户们跟这几个人聊了几句，就在他们同意接受的那个人的申请表上签上自己的名字。果同学的表上签的名最多，所以就让他住了。

果同学的理论或许还真有点道理。在现在这个用鼠标点来点去就能办事的时代，人们对其他人的注意力很少保持在三分钟以上。如果三分钟以内没给人家留下好印象，那就完全失去了路遥、日久证明马力和人心的机会，就算是千里马，又有什么用呢？

有一次德国总统陪同意大利总统回母校和学生讨论欧洲经济，果同学也被叫去参加座谈了。我问他有没有把总统们搞定。他恨恨地说："我连三分钟的时间也没有捞到，搞定什么啊。人家政治家才真的厉害，一分钟就把我们都搞定。"原来，小巫终于见到了大巫。

比窦娥还冤

在德国是没有高考这一说的，只有高中毕业考试。申请大学或者毕业后找工作，靠的都是这次考试的成绩。所以，对于每个高中生来说，毕业考试的压力是很大的。因为压力大，所以家长和老师达成共识，毕业考试结束以后，可以允许毕业生彻底释放一下。这就是德国学校有名的毕业班恶作剧。

果同学的中学是一所历史悠久的学校，毕业班恶作剧的手法也不断与时俱进，底线是不惊动警察和消防车。有一届毕业生把校长"绑架"到图书馆的黑屋子里关了两个小时，因为那届的校长特别招人恨。有一届毕业生冲进低年级的考场，把答案直接写在黑板上。从那一年开始，毕业班恶作剧的这一天，其他班级的学生不必到学校上课。还有一届毕业生用三辆劳斯莱斯加长车，把三个有名的校友同时运到学校，给学弟学妹们签了一圈名。这一举动有点名垂青史，因为在同一时间，让三个德国有名的政界和演艺界的明星出现在同一地点，这样的组织能力让人惊叹不已。

果同学说，他们这一届讨论决定，要在这一天让学校里下雪。这人造雪是用直升机运，还是用卡车运，还没最后决定。这与经费有关。

我听了有点怒火中烧。果同学的这个学校前身是教会学校，有着种种与众不同。除了额外教学生古拉丁文、古希腊文以外，还教会了学生一种狂妄。他们自信可以呼风唤雨，在6月的某一天让学校白雪皑皑。道行不深的话，可以用钱搞定。我明确地告诉他，跟这个胡闹有关的钱，我一分也不付。

他很好笑地看看我说："我也没问你要钱呀！我们还有很多班费，足够下一次雪了。"

我说："你们就不能做一点慈善？"他非常冷静地说："这是大家表决过的，这是民主。你不懂。"

我真的不懂。每学期开家长会我们老老实实地交班费，说交多少就多少，没人好意思问一声为什么。到头来让他们去下6月雪，连反对的权利都没有，这真是比窦娥还怨呢。

雪后来真的下成了，不过，只是下到了操场上。因为学校让毕业班签字画押，必须在当天消除大雪的痕迹。也就是说，下到楼顶上的雪得出动消防车清除，这已经突破了底线。最重要的是，也超出了班费的预算。

标新立异

话说果同学小学加中学一共十三年的学生生涯终于修成正果,迎来了高中的最后一个星期。按他们学校的传统,这个星期还有最后一课要学,就是标新立异。果同学的学校是个历史悠久的学校,古老得连学校大厅的天花板和地上都是古拉丁文。跟这些拉丁文一起保留下来的,还有很多古老的传统。其中之一,就是要求毕业生在学校的最后一个星期要"服"不惊人死不休。重点还在于,学生必须穿了这样的衣服坦然自若地从家到学校,带了衣服到学校再换,那是不算数的。

果同学星期一穿的是西装,亮点在于,他戴的领结是一双袜子。我认为这袜子领结虽然离奇,但并不离谱,路上行人粗粗一看,也就以为是面料独特的领结而已。

果同学星期二穿成西部牛仔。《断背山》以后,牛仔的形象被弄得声名狼藉。他甘当牛仔,倒有点儿铤而走险的意思。

果同学星期三穿了一身黑色对襟短褂,加一顶带辫子的花翎。说不清是哪个朝代的,也说不清是官员、书生还是金榜题名的驸马。

我看来看去,觉得这次有点太过分。咱毕竟没必要在德国的马路上出演中国的宫廷剧。我向他建议说:"这帽子可以到了学校门口再戴起来,要不,马路上的人会以为你是神经病呢。"

他一脸恨铁不成钢地对我说:"你到现在没明白这个活动的关键——人家怎么想,跟我有什么关系。别人冲我看的时候,我就想,你晕吧,晕死一个算一个,晕不死就是我没本事。"

不过，当天并没有传来马路上有人晕倒的新闻。

果同学的服装没有引起轰动，以至于最后一天，他一怒之下，穿了睡衣去了。

于是我明白，这个学校在最后关头，没有忘记让学生学最重要的一课。

定义成功

对成功下定义是件自寻烦恼的事情。只是因为儿子到了自寻烦恼的年龄，所以我也开始跟着烦恼起来。

起因是果同学有一天清晨突然打电话回来，说他不想在现在的那个大学念书了。这个大学在德国南部的小城市里，被戏称为德国的剑桥。古代的黑格尔之类的且不说，现代的罗马教皇、德国总统等，都是那个大学出来的。果同学高中毕业，不知道自己应该学什么。学校老师连学文还是学理的建议也不给，只说，他的分数可以去上任何一所大学的任何一个专业。所以他一定要挑他最喜欢的大学和专业。为了确保今后的饭碗，就挑了这所大学。

他抱怨说，这个地方的人不会说德语，口音古怪不说，还有语法错误。我想，他一个中国人去挑剔人家德国人的德语，也太多管闲事了，就把这条理由否决了。他又说，这个地方实在太小，他出门去超市买东西，收银台坐的是他的同学。他去服装店买衣服，碰到他的统计学教授正在买内裤，还是黑色的。这对他是一个观念冲击，在此之前他一直认为内裤都是白色的。他去酒吧和女朋友喝点东西，邻桌端端正正地坐着教他数学的讲师。他说，这样的日子再过下去是要疯掉的。我说："你不做坏事怕什么？大学城嘛，除了大学的人，就是旅游观光的人。到旅游淡季，只能是自己人看来看去了，很正常啊。"他最后说："我想象不出我毕业以后天天西装笔挺地在奔驰、宝马那样的大公司里赚很多钱的样子。这不是我的生活理想。我不想用这种方式来证明我的成功。"

可是，什么叫成功呢？我自己为人妻为人母，从中国到德国，搞了文学搞影视，到现在还没弄清楚怎样才算成功。

德国人衡量一个人成功的标准很简单。德国人说，一个成功的男人一生应该做三件事：生一个儿子，建一座房子，种一棵树。我把它理解为，一个男人一生中要为自己做一件事：生一个儿子，把他的生命延续下去。为家庭做一件事：建一座房子，让妻子儿女有个遮风避雨的港湾。为世界做一件事：种一棵树，给地球留下一片绿荫。对男人来说，这实在不是很高的要求。不生儿子，生个女儿也一样。建不成房子，买个两室一厅也可以。哪天天气好，出门就可以把树种了。德国人把男人的成功定义得这么清楚，这么具体，反倒让父母有了充分的选择余地。他们不会逼孩子悬梁刺股地去念书，也不会砸锅卖铁牺牲自己的一切供孩子去上大学，而是因人而异、量力而行。果同学有个儿时玩伴，住得离我们家不远。这孩子是独生子，还是老来得子，所以等他到了念大学的年纪，他的父母已经退休。父母的退休金并不是不可以供他上大学，但他的父母有自己的打算，想趁着身体健康的时候去周游世界。所以，他如果想上大学，只能自己去申请教育贷款，然后等大学毕业参加工作后逐年还清。这孩子不想刚成人就背一身的债，所以高中毕业后就找了个广告公司学习推销广告，不久又找了个家里开餐馆的女朋友。成功男人应该做的三件事对他来说，已经不是遥不可及。而果同学还不知道他到底要什么，就像一辆新车，油箱满满的，马达已经发动起来了，却还不知道往哪里开。我想，一定是我们把成功的标尺定得太高了，现在是自食其果。

童年之约

在很多年以前的德国的一个学校里，一年级的新生第一次走进教室，找到自己的位子后，坐了下来。老师请一年级的小学生和自己的同桌交流一下。老师给出三个话题：1. 告诉同桌自己的名字；2. 告诉同桌自己有几个兄弟姐妹；3. 告诉同桌长大以后想干什么。

两个一年级女生开始交谈。这两个女生一个叫汉娜，一个叫乌塔。乌塔说长大以后想当一个老师。汉娜说她还不知道自己长大以后想干什么，要等长大以后才会知道。但她现在已经决定，长大以后要到南极看企鹅。乌塔正好有一只绒线企鹅，她每天都抱着这只企鹅睡觉，所以她很赞成汉娜的计划。于是，两个一年级的小女生约定，长大以后一起去南极看企鹅。

这两个女孩子一起读完小学，一起进入中学，直到上大学的时候，她们才分开。乌塔去读教育学，汉娜去读法律。后来，乌塔真的当了教师，而汉娜成了很有名气的女法官。她们各自行走在自己的生活轨道上，见面的机会越来越少。但是，每年的生日，她们都会接到对方打来的电话，她们细细地诉说着自己生活中的柴米油盐，喜怒哀乐。在挂电话以前，互相叮嘱对方要好好生活，别忘了还要一起去南极看企鹅。

日复一日，年复一年，她们从女儿到妻子，到母亲，再到奶奶。人生漫长的路，就这么一步步走过来了。她们退休以后的第一件事，就是去报名参加南极旅行团。报名的时候她们才知道，原来世界上有那么多人想去南极，有的想去看冰山极光，也有的像她们一样，想去看企鹅。她们报完名，交完费，又等了长长的两年。这两年里，乌塔生了一场大病，但是有惊无险；汉娜的腿骨折了，可恢复得很快。

终于等到了那一天，她们成行了。她们坐上飞机，又登上船，一路向南。她们经历了好望角的滔天巨浪，驶过凌厉的冰雪长廊，终于看到了她们向往已久的企鹅。它们在灿烂的蓝天下，在晶莹的冰雪上快乐地舞蹈着。它们永远不会知道，有两个女人，从小学一年级开始，就持续地、执着地、坚定地向着它们走来，一直走到白发苍苍。

童年的星辰

二十年前的一天,有一个中国留学生走进汉堡一个区政府的办公室。他领取了等待号码,填写了表格,准备申请廉租房。在德国,廉租房并不是想要就有的,有种种要求,就是满足了这些要求,可能也需要长期的等待。接待他的工作人员是个很知性的德国中年女性,她刚刚从中国长途旅行回来,看着窗外阴沉沉的天空,正怀念着丝绸之路上的阳光和北京皇城根下的小吃,突然见到一个中国学生出现在她面前,让她精神一振。在接过表格的那一瞬间,她心里就想,哪怕现在就剩下一套廉租房,也非这个中国学生莫属。

这个幸运的中国留学生很快得到了廉租房。有了房子,他就有了一个小小的家。一年以后,他的女儿在汉堡出生了。当时在汉堡的中国留学生很少,彼此都是朋友。不少中国留学生专门跑去医院,去看望这个在德国出生的中国贝贝。

这个中国小贝贝跟着父母先是住在德国,然后又跟着父母去了美国,最后他们在香港安了家,现在她正在德国读大学。二十年以后的今天,她一个人回到德国,去寻访当年自己出生的医院,去看望当年分配给父亲廉租房的德国奶奶,去歌德学院学习那陌生而熟悉的德语。当年曾经去医院看过她的叔叔和阿姨们,对她有着一种说不出的疼爱。大家请她吃饭,在饭桌上,几乎每个人都想教她一手,这个教她吃饭的正确姿势,那个教她怎么用德语跟别人客套以及应该怎么跟德国老师打交道。

女孩子清秀，聪颖，开朗，自立。她专心地注视着每一个跟自己说话的人，目光中有一种她那个年龄少有的自信和沉静。她礼貌，勤快，并且很懂事。她在父母当年的朋友家寄居，在他们的结婚纪念日，她特意请了假，去为他们买纪念礼物。

　　这是一个幸运的孩子。虽然她的父母没有可以庇护她一生的权位，也没有可以供她随意挥霍的财富，但是，在她出生的时候，她的父母赠送给了她一件世界上最珍贵的东西——童年的自由的心灵世界。

　　歌德在一段诗歌里很优美地表达了出生和童年对一个人终生的影响：

　　　　在你降临世上的那一天，
　　　　太阳接受了行星的问候，
　　　　你随即永恒地遵循着，
　　　　让你出世的法则茁壮成长，
　　　　你就是你……

　　愿童年的星辰永远照耀着她。

生命成长中的小游戏

有一次我们在海边散步,迎面走过来一个小女孩,她手里拿着两个 20 欧分的硬币,笑眯眯地请我们换一个一欧元给她(一欧元是 100 欧分)。这就是说,她想用 40 欧分跟我们换 100 欧分。我气得笑起来,一个这么小的孩子,竟然想明目张胆地敲诈和哄骗我们两个大人?我简直觉得是受了侮辱。考虑到这是个小孩子,或许她的家人就在不远处,我不想跟她纠缠,就对她说,我们没有一欧元。我绕过她继续往前走,先生却停了下来。我远远地看着他蹲下去,认真地跟这个小女孩交谈了几句,然后,这个笨蛋竟然掏出钱包,跟这个小骗子做了这笔交易。

等他走过来,我对他说:"你错了。你以为你好心,其实是在助长一个孩子欺骗和不劳而获的行为。"他说:"亏你还写儿童文学,你才错了呢。这个孩子刚 5 岁,她对金钱还没有清晰的概念。她以为,用两个小硬币跟别人换一个大硬币,是一个很公平的买卖。我想让她开心一下,就和她做了这个游戏。"我一时无语。也许我的童年里太缺少这样温馨的游戏了,所以我对这么小的一个孩子也这样苛刻。

有很多大人热衷于跟孩子做这样的小游戏。在德国,最经典的是关于留级生的游戏。比如说,一个叫海格的女孩子三年级升四年级时功课不好,不得不留在三年级。玛莎老师会这样向全班同学宣布:"玛莎老师最喜欢的学生是海格同学,她经常帮老师做很多工作。现在,你们升四年级,而玛莎老师还留在三年级,将迎接一个新班的学生。

老师对这件事情有点害怕,因为那么多的新同学,老师认不过来,恐怕照顾不好他们。所以,想来想去,老师决定把海格同学留下来一年,请她和老师在一起,帮助老师管理那些新同学。"

这时候的海格同学,昂着头,挺直腰板坐在自己的座位上,一副很自豪的神情。其他小朋友都看着她,心里有点小羡慕。

当然,这只是一个昙花一现的小游戏。等孩子们走出教室以后,跟家人或朋友交谈时,他们很快就会明白,那个海格同学其实是留级了。可是,在宣布这个消息的那一刻,老师们都不约而同地采用这个经典的谎言,去小心翼翼地维护那个留级孩子的尊严。

一个小孩子的尊严是脆弱的,是不堪一击的,是应该奋力去维护的。如果一个人从小不断地被周围的人拒绝、呵斥和怀疑,他长大以后,一定很难尊重自己,更不会去尊重别人。这些生命成长中的小小的游戏,会让孩子变得宽容和善良。

为了父亲的尊严

一个社会的贫富悬殊，会直接影响到下一代的教育质量。所以让每个孩子获得平等的教育机会，一直是德国大众很关注的一个问题。

为了让低收入人群的孩子能够和正常家庭的孩子一样，在课余时间能有学音乐、参加体育俱乐部和参观博物馆、动物园的机会，德国斯图加特市通过了一项特别提案：每年给每个有孩子的低收入家庭提供课余教育的补贴。为了确保这笔钱"专款专用"，政府采用了发卡的方式。也就是说，这笔钱以文化消费卡的形式，发给每个有孩子的低收入家庭。这张卡只有在城市的博物馆、动物园、剧院，或者指定的音乐学校和体育俱乐部，才能够进行刷卡缴费。也就是说，如果孩子的父母想用这笔钱进行别的消费，是完全没有可能的。

这么好的提案，应该皆大欢喜了吧？可是谁也没有想到，最先提出抗议的是来自低收入家庭的父亲们。他们认为，这种方式听起来动人，其实是一种变相的歧视，有损他们的尊严。设身处地为这些父亲想一下，在博物馆、动物园和剧院买票的地方，一家之主的父亲掏出这张卡消费，就等于告诉周围所有人他们是穷人，他们的孩子在享受社会福利。如果孩子还小，可能不会在意这些细节，但年长一点的孩子，马上会很敏感地把自己看成是穷人的孩子。

作为一个社会人，一个父亲可以低三下四地为五斗米折腰，可以失业，也可以领取救济金。但在他的孩子面前，父亲应该是一个顶天立地的男人，应该是孩子崇拜的对象。孩子的童年如果缺少了这样一个父亲,那一定是不完整,也是不完美的。而一个失去了父亲权威的家庭,将会是一个不和谐的家庭。所以说,低收入家庭的父亲们坚决拒绝这种方式的补助。

德国基本法的第一条是:人的尊严不可侵犯。一家之主的父亲的尊严,那就更加神圣不可侵犯。政府部门赶紧再一次讨论,于是通过了一个新提案:每一个孩子,不管父母收入高低,都能得到一张文化消费卡。也就是说,用这张卡消费的父亲,有可能是一个百万富翁,也有可能是一个正在领取失业救济金的父亲。

这样一来,穷父亲的尊严保住了,富父亲意外地享受到了社会福利。穷人富人,皆大欢喜。不欢喜的是财政部,这又多了一笔计划外的支出。但很多富人表示,他们很少使用这张消费卡。

门为谁开

跟果同学聊天时，果同学说他的一个朋友在谷歌找到了一份工作。说这话的时候他一脸的崇拜，我这个听的人也一脸的崇拜。我们一致认为，如果说微软改变了我们的思维的话，谷歌其实正在不知不觉中改变我们周围的世界，所以我们两个都比较崇拜谷歌。

他的同学是这样得到谷歌的工作的：

偶然有一天，他在大学校园的广告栏里看到一张小小的广告，上面什么也没写，只写着www.，然后是个很怪的数学符号。他觉得很有意思，就把这个网址记在了脑子里。回家上网的时候，他顺便点进去看一看，原来是一道未解的数学题。他觉得很有意思，决定把这道题解出来，这题并不容易，花了他半个小时。等他解出题目以后，网站突然弹出了一个表格，请他填写。

谷歌的大门就这样向他打开了。

听完这个故事，我心里除了崇拜还是崇拜。想出这一招的人实在是太狡猾了！

在花花绿绿的广告栏里注意到一张不起眼的广告——说明这个人很留意他周围世界的新鲜事物。

把这个网址记在脑子里——说明这个人过目不忘。

回到家上网时还记得点进去看一看——说明这个人很有好奇心。

看到一道没头没脑的数学题，决定要解答——说明他喜欢动脑筋。

最后把题解答出来了——说明他智商也不低。

不看简历，不看学历，不招聘，不海选，一分钱不花，谷歌就找到了理想中的员工。这就是谷歌。

于是我分析自己有没有成为谷歌员工的可能。

第一点，我有希望。我这个人对广告比较留意，特别是这种与众不同的内容。

第二点，我可以蒙混过关。在我觉得很难记住，手头又不带纸笔的时候，我会把重要的东西记在手机里。谷歌的人当然不会知道，暂且把我归入过目不忘的那类人里面。

第三点，我还能侥幸做到。收完邮件，看完博客以后，我会顺便点进去看一眼。

第四点，估计这种题目我这样一个学文科的人连看也看不懂。谷歌的大门就这样"砰"的一声把我关在外面了，而我一无所知。

然后我关上电脑，临睡以前告诫自己，以后看见这样的东西不要再上当了。

于是，我继续是芸芸众生里的一个，被微软、谷歌的小东西们牵着鼻子走。

结论：生活中很多和我们擦肩而过的机会注定就不属于我们。

午夜惊梦

又一次梦见考试。

放在我面前的考卷不是一张一张的，而是厚厚一本，像杂志那样。我翻来覆去地看那些考题，看得我一头雾水，自然而然就产生了作弊的念头。我的同桌貌似是某个闺蜜，一边飞快地答题，一边用手严严实实地遮挡着考卷。我顿时有一种被出卖的感觉，悲愤地想：我一直觉得你跟我是假闺蜜，现在终于证实了！算了吧你，我以后再碰到你就把你当空气！

这时候，老师也过来凑热闹，看看我的考卷，然后高声说："请同学们抓紧时间，时间已经不多了。"

潜意识告诉我，这是在做梦。最近一次考试是十多年以前的德国驾照的理论考试，我清清爽爽地考了个零错，把同考的德国人都震了一下，现在的我跟考试一点关系也没有了。可我硬是醒不过来。这时候，生活中的一个铁杆闺蜜，自告奋勇地把嘴凑到我耳边，飞快地告诉我答案。我每个字都听清楚了，却不明白是什么意思。

这一急，就真的醒了。窗外月光如水，夏虫轻吟。想到一切大小考试都已经离我那么遥远，我再也不需要通过考试来证明自己了，我在黑暗中幸福地微笑起来。

其实，我是在非常轻松的学习环境中长大的。那时候，一个学生学习成绩太好了，还会被别人说三道四。所以小学和中学的我，从来不把考试当回事，刷刷地一口气写下去，写完以后就交，从来不磨磨蹭蹭。考试的时候，老师常常会踱到我身后，看看我的考卷。有时候突然会说：同学们别着急，慢慢做，要细心。于是，我就明白这是说给我听的，赶紧回过头去检查一遍，果然发现了错处。纠正过来，最后还能得一个高分。天地良心，那时候不流行给老师送礼物，我也不是那种学生干部或者三好学生。我唯一的优点是：几乎各门课的老师都认为我很有代表性，所以对我比较关注。如果我出了岔子，那就代表着班上的很多同学一定也会出相同的问题。最真刀真枪的考试是高考，那实在是人生一搏。我这个噩梦估计就是那时候落下的。这么多年过去了，从中国到德国，它依然像个忠实的朋友一样不离不弃地追随着我，定期就来拜访我，经常让我午夜惊醒。我有时候也想过是不是应该去看心理医生。据说在好的心理医生的指导下，能让这样的噩梦有一个好莱坞大片那样的幸福结局。但是，在噩梦醒来的一瞬间，那份轻松和喜悦，实在是奇妙无比。

  一个人，必须在有限的几十分钟里，把面前的一叠纸写完，用以证明自己的能力。这样的做法，或许本身就是一场噩梦。可悲的是，对我们现在的孩子来说，这就是他们每天面对的现实。

老师的课外课

我初中的时候有过一个同桌,她很漂亮,也很能干。她住得离我家不远,有时候我到她家约她一起去上学,经常碰到她正在洗碗。她有一个大家庭,哥哥姐姐很多,每次吃完饭都有一大沓的碗要洗。不知道为什么总是轮到她洗碗。可她毫无怨言,总是笑眯眯地站在那里,跟我说着话,灵巧的手上下翻飞,一大沓碗一会儿就洗得干干净净。她长得漂亮,再加上为人和气,大家都愿意和她做朋友。

可是,她有一个弱点,就是功课不好。不是某一门不好,而是每门都不好。不是不好,而是很不好。这件事让老师和同学们都很纳闷,因为她看起来很聪明的样子,听课的时候从不开小差,也很少缺课。她坐在那里,不了解情况的人,会一眼认定她是个品学兼优的好学生。

碰到考试的时候,她会偷看我的考卷。知道她在偷看,我就悄悄地把胳膊挪开,为她提供方便。她从来没有为此感谢过我,我也从来没有提起这件事。我们之间心照不宣,就好像什么都没有发生过。

有一次,不知为什么,她惹恼了我。具体事情我已经记不清了,或许是因为她有了一条漂亮的新裙子,或许是因为她跟别的女生特别亲热了。总之,我很生气。我不去约她一起上学,也不再跟她说话。正好碰上英语小测验,明知她在偷看我的试卷,我偏偏把考卷用胳膊挡得严严实实,让她一个字也看不见。

那次她考得更差了。可是，她也没有说什么，很平静，对我不怨不怒，也不理不睬。我一直等着她来跟我说好话，可她没有。

我很失望，也觉得有点下不来台。在以后的一段时间里，碰到大考小考，我总是把自己的考卷挡得严严实实。可她还是不说什么。她的考试成绩也没有我想象得那么一塌糊涂。这种突如其来的进步，让我觉得有点奇怪。

我们那时候是每一个星期换一次座位。不是换同桌，而是整排换座位。比如说，从窗口一排换到中间一排，从教室的左边一排换到教室的右边一排。据说这么做是为了避免学生同一种光线同一个角度看黑板，天长日久，影响视力。而我们每次换座位的时候，她都坚持要把我们的课桌也带着走。这件事让我很奇怪，因为以前好像不是这样的。终于有一天，我发现了她的秘密。原来，她的桌面上抄了密密麻麻的代数公式、化学、物理公式，还有那些英语不规则动词的变化方式。原来，她就是用这种方式来对待我对她的封锁和屏蔽的。

我非常生气，觉得她太卑鄙太狡猾了。现在想起来，或许我还有点恼羞成怒，因为她不动声色地想出了一个不求我的办法。

我，就去把这件事情告诉了班主任。

我们的班主任是一位女老师，教我们英语。我是她最得意的学生，我相信她也很喜欢我。班主任很安静地听我说完，一点也没有拍案而起什么的，只是淡淡地说了一句，她会去核实的。

我很焦躁地等着。我相信班主任核实完以后，会在班里点名或者不点名地批评她，因为这样的作弊方式实在是太不光彩了。可是，班主任什么也没说。几天以后，她让我到办公室去一下。

我去了办公室。她正在批作业，让我等了一会儿。然后，她放下批改红笔对我说:"我已经看了你们的课桌。这样的作弊实在是有点过分。"

我期待地看着班主任。

老师停顿了一下,说:"可是,我想来想去,还是不想批评她。"

我问:"为什么?"

老师说:"她其实是个很努力的学生,上课认真听,从不拖欠家庭作业。可是,每个人的智商不一样,她也许就不是学习这块料。而且,她家也没有把学习这件事看得天大地大,兄弟姐妹几个功课都不好。只是她偏偏爱面子,所以就这样做了。我如果批评了她,那就太伤她的自尊心了。我做不出来。"

我也停顿了一会儿,鼓起勇气说:"可是,作弊是不对的!"

老师说:"我知道。所以我让你来。我想告诉你,这世界上很多事情没有那么黑白分明的是非标准,不能简单用对和错来衡量。我批评她,当然是对的。可她已经是那么大一个女孩子了,站在我面前跟我一样高。我伤害这么一个女孩子的自尊,也许就影响她的一生。如果这样的话,我就错了。你能理解吗?"

我沉默了一会儿。

老师也陪着我沉默了一会儿。然后,她说:"你就当什么也没发生。我会处理的,好吗?"

第二天早上到学校,我发现,我们的课桌换了一张,上面干干净净的,什么也没有。

我看看我的同桌,她看看我,我们什么也没说,只是互相交换了一个眼神。后来,老师把我们分开了,不再是同桌了。再后来,我们的生活道路越走越远,彼此也没有联系了。只是听说,她有一个幸福的家庭,是一个幸福的妻子和妈妈。对这一点我深信不疑。

随着年龄的增长,我越来越明白,我们那时的班主任虽然很年轻,但她是一位真正的教育家,细腻,温和,充满人性。

其实,世界上很多事情确实没有对和错,只有设身处地的同情、理解和体贴。

第二辑　家是你永久的港湾

母子私语

果同学6岁的时候对我说:"妈妈,我长大了要跟你结婚。"

我知道他们的老师正在对他们进行家庭概念的教育,但心里还是充满了感动。我说:"儿子,这不可能。因为等你长大了,我就是个老太太了。"

他说:"那没关系,你长得慢一点,我会长得快一点。"

我说:"在这个世界上的某个地方,有一个女孩子正在和你一起长大。到了某一天,你会遇到她。你很喜欢她,她也很喜欢你。你们两个人想天天在一起玩。这个女孩子才是你结婚的对象。"

他问:"她知道我在这里住吗?我们什么时候会见面呢?"

我说:"她不知道,我不知道,你也不知道。只有一个人知道,他会让你和她走到一起。这个人在东方被叫作月老,在西方被称为丘比特,或者爱神。这是一个我们都应该心怀感激和敬畏,并且无条件服从的人物。"

我把他搂在怀里,说:"如果有一天你遇到了这个女孩子,请你一定说给妈妈听,带给妈妈看,妈妈会为你高兴。你记住,凡是你喜欢的女孩子,妈妈也一定会喜欢。"

他回答说:"妈妈,我知道了。"

果同学18岁那年,第一次有女孩子正式来家里做客。这女孩子是法国人,果同学在南京学中文时认识的。他给我看过她的照片,是个健康阳光的女孩子。果同学说,他从她那里第一次体会到了一种分离的伤痛。圣诞节的时候，女孩子特地从法国飞来看望他。

我们都很重视她的来访。我当然不会愚蠢到把这个女孩子当成未来的儿媳妇。果同学的身边有很多女孩子，他在南京学了半年中文回来，当我们去机场接他的时候，竟然有五个女孩子在那里等着迎接他。但这个法国女孩专程坐飞机来看他，让我很珍惜这份情意。我给她准备了客房。她来了以后，我们陪他们一起出去吃晚饭。晚饭后他们就出去玩了。果同学说，他们会很晚回来。他们到底是多晚回家的，我没有听见。我一向是个把大事看小，小事看得更小的妈妈，所以不管孩子多晚回来，我总是睡得很踏实。

第二天早晨，我精心布置了早餐桌，放了鲜花的早餐桌有一种说不出的浪漫和清新。我们听着收音机里的新闻，慢慢地喝着咖啡，等着两个孩子加入我们的早餐。

可是一等二等，这两个孩子迟迟不来。客人的门是不好意思去敲的，我最后忍不住去敲了果同学房间的门。果同学在里面高声应答，我推开门，却看见果同学和那个女孩子并肩坐在床上，头靠着头在玩电脑。冬日柔和的阳光从窗口射进来，像一只温暖的手，抚摸着他们年轻快乐的脸庞。

他们快乐而礼貌地向我道了早安，继续玩他们的电脑。他们看上去是那样相亲相爱，就像两个从小一起长大的兄妹。

那一瞬间，我心里充满了一种说不出的感动和喜悦，我的眼睛竟然有点湿润。我站在门口默默地看了他们一会儿，没有再催他们，又把门轻轻带上了。我回到早餐桌旁，把我心里的感动和果同学的德国爸爸分享。

他说："如果你是女孩子的母亲，或许就不会这么想。"

我说："你错了，如果我是女孩子的母亲，我也会为这一幕而感动。他们是那样年轻美好，快乐无邪，就是上帝看了，心里也会欢喜的。"

送走女孩子以后，我问果同学："她是不是你心里最爱的那个女孩子？"

果同学说："妈妈，我还年轻，我还不能回答你这样的问题。"

我说："儿子，我并不需要答案。可是我想告诉你，你要爱护你生活中遇到的每一个女孩子。女孩子是一朵娇嫩的花朵，要小心地爱护她。"

沉默了一会儿，果同学说："妈妈，我想我已经明白你的意思了。"

母亲节的玫瑰

一个母亲节的早上,果同学送给我一支玫瑰。

那时候他7岁,还是第一次送给我母亲节礼物。接过他的礼物,我心里很高兴,同时也暗暗吃了一惊。这是一支非常新鲜的深红色的玫瑰,并且很讲究,很细致地用热带植物的绿叶衬托着,看上去更像插花艺术那类的作品。我猜测他就是把几个月的零花钱加在一起,也很难买到这样一支花的。

我问他是不是自己买的,他说是的,就在离家不远的花店。我经常去那个花店买花,有时也带上他一起。

我问他是多少钱买的,他说是一个马克。那时候德国的货币还是马克。我相信这花远远不止一个马克,特别是在母亲节的早晨。果同学从来都是个诚实的孩子,我相信他的话。但我很想弄明白,他究竟是怎样用一个马克把这支超值的玫瑰买到手的。如果他真有这样的本事,我应该天天派他出去买东西。

第二天路过那家花店,我就进去了。花店的空气湿润而芳香。我经常想,在我必须靠打工养活自己时,花店会是我的第一选择。这是一份美丽而精致的工作,来买花的也一定都是善良、温和的人。

店主是个清清爽爽的小伙子,他从盛开得灿烂的花丛中笑着向我走过来。我问他是不是我的孩子昨天来买过花。他说是,问我有什么不合适的。我说他花了一个马克买了一支很名贵的玫瑰,我想问问有没有搞错的地方。他说没有。

在他身后的陶罐里，放着同样的玫瑰，上面标价是五马克，而且这是在母亲节以后。他随着我的视线向后看过去，马上会意地笑起来。他说："是这样的，昨天早上买花的人排成长队。您知道的，都是那种到最后一分钟才记起母亲节的年轻和不年轻的孩子们。您的孩子站在队伍里，他是那么的小，那么的甜蜜，所有的人都看着他笑。轮到他的时候，他指着那一种玫瑰说，他要买一支。我问他有多少钱，他给我看了他带的一个马克。我问他是给谁买，他说是给妈妈买，因为老师说今天要给妈妈送花。您知道，这玫瑰太贵，买的人很少，放着也就凋谢了。所以我就卖给他了。"

我谢过他的好意，说如果多来几个这样的孩子，他很快就会破产的。他笑了，说："不会。因为这样的孩子不多，有很多孩子会给妈妈送不用花钱的花。再说，如果您孩子明年再来买花，我会把价值的观念教给他一些，今年他实在还太小。"

我从花店出来，沿着春天的街道慢慢地走着，空气里弥漫着花粉的清香。骤然间我发现，往日路边那些开得铺天盖地的蔷薇花，除了顶梢上够不到的和已经开谢了的花朵以外，其他的花全都人间蒸发了——被那些想给母亲送花，却又不舍得花钱的孩子们摘光了。尽管常常有人谴责这样的行为，但我觉得，如果这些路边的蔷薇知道它们在这一天能给那么多母亲带来温情的微笑，它们会快乐得自己落下枝头的。

每个在母亲节收到鲜花的母亲，心里的欢喜真是难以言说。至于这是什么样的花，从哪里来的，花没花钱，花了多少钱，一贯精打细算的家庭主妇在这个时候都不会介意，她们体会的是这样一份情意。

一支鲜花，一个问候电话，一小盒巧克力，母亲节的礼物不需要多贵重，也不需要多特别，因为这是一个双方约定好的游戏，参与的人都是真心的，所以一切就都是温馨和美好的。

让孩子走进厨房

德国人做菜是不放味精、鸡精这类东西的，他们认为这样的东西对健康不利。可是，我做的中国菜，缺了这些东西就没什么味道，所以鸡精、味精是我的"秘密武器"。我经常趁人不注意的时候飞快地撒一点进去，然后不动声色地端出去。如果有人问我放味精了没有，我总是很无辜地摇头否认。

果同学小时候就对厨房很感兴趣。大人做菜的时候，他就兴致勃勃地站在一边监视。有时他明明看到我使用了"秘密武器"，却不说话，好汉不吃眼前亏的道理他从小就明白。但是，到了吃饭的时候，他一边吃一边大声地自言自语道："我的妈妈今天在菜里加味精了。"

果同学对厨房的兴趣是在学校培养起来的。上小学的时候，他们的教室里有一个小小的厨房。有时候，老师让大家一起动手揉面，然后擀成薄薄的一片，在上面撒上一点胡萝卜、蘑菇和奶酪，放进烤箱一烤，就做成了比萨。有的时候，大家切几个番茄，做一锅意大利面。所以，有时候果同学回家，会很自豪地宣布：今天我们在学校做饭了，我吃饱了。果同学现在对厨房的兴趣依然不减，他已经可以一个人做出五道菜的大餐来。他说他的朋友都会做菜，大家会津津乐道地交流菜谱。在德国，如果一个女孩子娇滴滴地说她不会做饭，并不代表她家境好，只能说明她的家教不好。

在吃饭的问题上，成人和孩子的标准是很不一样的。面对一桌的山珍海味，孩子可能吃得索然无味。你还不如简简单单用一个包子打发他，并完全没有必要内疚。孩子在食物方面的好奇心不强，通常喜欢吃自己习惯了的东西。法国哲学家卢梭认为，家长没有必要刻意让孩子吃美味的食物。他认为，对于孩子来说，饥饿是最好的厨师。新鲜时令的蔬菜，用油和盐这两种最基本的调料，用最简单的方式做熟，使孩子养成自然的口味。卢梭说，一个孩子今后的命运很难确定，如果父母从小让他养成挑剔的习惯，当他遭遇到不幸的时候，他将很难适应粗茶淡饭的生活。

德国媒体举办过一个活动，叫作"食物就是生命"。各种营养学家、心理学家在电台、电视台和报纸杂志上劝告母亲们不要再给孩子买半成品食物或快餐。他们说，这些食物中添加的化学物质太多，对孩子的健康很不利。他们的忠告是：让孩子走进厨房，和成人一起动手，用番茄、胡萝卜、绿叶和蘑菇做一道菜。通过这种方式，让他们知道，最自然的食物才是最美味最健康的，并且明明白白地告诉孩子，妈妈不能一生一世为他做饭，所以在学习数学、物理的同时，也应该学习做饭。

烹调的文化底蕴

对一个像我这样的业余厨师来说，想让自己的烹调技术先声夺人，就要在文化底蕴上下功夫。任何粗茶淡饭，只要能说出个根底来，立刻就变得余味无穷。而我一向比较精通此道。

比如说，做青菜、萝卜、豆腐这类菜时，我会说，这是金庸笔下的程灵素做给胡斐吃的菜。于是这本来没有什么油水的菜就变得有意义，把程灵素那种舍身的爱和无言的情全都体现出来。每一块豆腐，每一片青菜都能让人吃得荡气回肠。再比如，做鸡肉、鱼虾这类比较复杂一点的荤菜时，我会说，这是黄蓉做给洪七公吃的。洪七公这种美食大师，架不住那刁钻古怪的黄蓉的一道道美食，最后生生把降龙十八掌教给了笨头笨脑的郭靖。我请吃饭的客人虽然不是武林中人，但还是需要把程灵素和黄蓉的看家本领一起搬出来才能把他们搞定。

有一年中秋前后，我的一个朋友送来一塑料桶国内空运来的活螃蟹。我给朋友们打了电话，让大家晚上八点半的时候来吃螃蟹。我把螃蟹一锅蒸熟，然后剁了姜末，温了黄酒。这些朋友都是北方人，吃了一会儿螃蟹，就坐立不安起来，自说自话地走到厨房里东看西看，然后问我有没有方便面。我说：这是什么意思啊？不是吃螃蟹嘛，怎么跟方便面扯上了？不是一个档次啊！原来他们都是空着肚子来的。我急了，说他们没吃过螃蟹，还没读过《红楼梦》吗？贾府里的老少几代美女在一起吃螃蟹的时候，也就是黄酒、姜末、香醋，然后看看月亮，吟吟诗什么的，最多也就吃块月饼吧。要把螃蟹当成文化来吃，文化是填饱脑子的，不是填饱肚子的。

这样的文化一定给果同学留下了深刻的印象。有一天，果同学说，他要给我们露一手，烧古罗马时代的鸡腿。他说，这个菜的做法完全是两千多年前古罗马的做法，连菜谱都是原汁原味的古拉丁语。他们在拉丁语课上学了以后，老师带领他们按菜谱做过一次，味道好得也只能用拉丁语来形容。

我立刻觉得矮了他一头。古罗马给人一种什么感觉？差不多是秦始皇那时候那么久远吧。秦始皇统一中国后，全国上下都在造兵马俑，修筑长城，恐怕没有时间在吃的方面太花费功夫，所以史书上也没有留下菜谱。我很虚心地跟他说，我可以给他打下手，搞采购。不过古罗马的东西，恐怕在当今德国配不全。他说没问题，已经试验过了，都有。他开了张单子让我去采办——鸡腿，还有几种植物的调料。配鸡腿的米不是一般的米，而是一种野生的糙米，我跑了好几个店才买到。

我们把桌子很隆重地布置好，把法国红葡萄酒打开，然后就静等着吃古罗马时代的鸡腿。果同学胸有成竹、不慌不忙地把植物调料撒在鸡腿上，放进烤箱去烤，然后再把饭煮上。他坚决拒绝我用电饭锅煮饭的建议，说古罗马时期没那个东西，最好拿瓦罐煮饭，最后因难度太大只好放弃。我说古罗马时期也没有烤箱，他说古罗马时期是用真正的果木烤的，我们现在用电烤箱，味道已经打折很多。

最后我们的盘子里各分得一个烤得焦黄的鸡腿和一小撮糙米煮出来的饭，果然充满了悲伤感。大家一边艰难地用刀切割着古罗马鸡腿，一边为果同学的烹调手艺高声喝彩。我这个当妈的没有盲目喝彩，而是一边苦大仇深地吃，一边在认真地做学问。都说罗马帝国是因为花天酒地、荒淫腐败而灭亡的，而我们吃的这道菜分明是道励志的菜。唯一的解释就是，这菜一定是做给古罗马时代的奴隶们吃的，因此他们就起来造了反。或许罗马帝国就是这样灭亡的。

我栽了

这是一个计划在儿童节播出的星级厨师的美食秀。英国电视台请来几个孩子，让星级厨师为他们做菜。星级厨师把一只清洗干净的鸡放在案板上，然后告诉孩子，一只鸡最好吃的部位分别是：鸡胸，鸡腿和鸡翅膀。他一边说着，一边熟练地把案板上的鸡大卸几块。好吃的鸡肉放在一边，剩下鸡头、鸡爪子和鸡内脏。

星级厨师问孩子："我们怎么处理它们？"

孩子们一致说："扔了。"

星级厨师说："咱不扔。"他把这堆垃圾放到搅拌机里，连骨头带血带内脏一起搅拌碎了。孩子们看得目瞪口呆。一个孩子说：真恶心啊！另一个孩子说：我都快吐了。

星级厨师在搅拌成的肉糜里放点面粉、盐和作料，然后做成一块块鸡条，放进油里炸成金黄色。然后他问孩子们："你们谁愿意吃这样的食品？"

当然，一致的回答是：不！

然后，星级厨师告诉孩子，快餐食品都是这样做成的，大家要少吃或不吃。接下来，他用那堆好吃的鸡肉为孩子们做了一顿大餐。这是美食秀的关键部分，也是其想达到的效果。

但过了一会儿，几个孩子你看看我，我看看你。一个孩子犹犹豫豫地把手举起来，表示他想吃鸡条。很快，另外两个孩子也把手举起来，最后所有的孩子都表示愿意吃鸡条。

星级厨师恨不得昏过去，绝望地问："你们明明看见这是什么东西做的，怎么还想吃呢？你们刚才不是说很恶心吗？"他又问另一个孩子："你不是说，你想吐吗？"

第一个举手的孩子很认真地解释说："因为我肚子饿了。"

还有一个孩子说："其实这个鸡条和我们经常吃的鸡条长得一模一样，闻起来还很香。"

另一个孩子补充说："我以为你的工作就是把垃圾做成菜给人吃。"

最后的镜头是，星级厨师对着镜头说："我栽了！"

星级厨师栽在孩子的手里，这个节目当然就没播出，但放在网上后点击率奇高。事实告诉我们，如果成年人站在自己的角度去理解儿童，一定会栽。

阳光的感觉

几年前，我和果同学一起去买鞋子，走到鞋店门口，见有个学生模样的男孩子站在门口，脖子上挂着一个牌子。牌子上写着：制造耐克鞋的是亚洲贫困地区的学龄儿童，他们每小时只得到50美分的工资，如果你是个正义的人，请不要买耐克鞋！果同学读完牌子，就在门口站住了，他显然想做个正义的人。但正义的人也得穿鞋子，更何况我们两个人同时有时间上街的机会很少，我不由分说带他绕过那个男孩子走进店里。德国的店一般来说顾客不是很多，被这个男孩子一折腾，这个鞋店的人就更少了。鞋子是按尺码排列的，各种牌子都混在一起，我们顺着架子一路走过去，那男孩就跟过来了。他不说话，只是把牌子在我们眼皮底下晃来晃去。晃到后来，果同学坚持不住了，说："不买了吧，我的鞋还能穿。"我只好带他出去。店里的人追过来，是个小伙子，很不好意思地说："对不起，这位女士，请您改日再来吧。他也就是星期三才到这里来。您要知道，我有禁止他在店里说话的权利，但他有站在这里的权利，我也没办法。"

对这样的人我其实是很尊敬的。你想想，人家一个大学生，有一天没课，干什么不好，可偏偏挂个牌子为不知哪个角落里的亚洲儿童在喊冤。我就不明白德国的学校哪来那么大的本事，把孩子个个都教育得以天下为己任。我到过中国的西北地区，知道什么叫贫困。在德国长大的孩子，永远不会明白吃饱肚子比什么都重要。见果同学无限崇拜地频频回首，我就防患于未然地对他说："他其实只代表一部分人的观点,大部分人的观点是,如果你不买这些鞋子,那些学龄儿童连每小时 50 美分都挣不到。你想,如果一个姐姐去干活了,她的弟弟就有饭吃了,说不定还可以去上学了。从这个意义上说,其实买耐克鞋也不是坏事。"果同学说:"不管怎么说,我觉得他很酷呢。"

没过多久,果同学开始喝一种很奇怪的饮料。这种饮料看起来像可乐,喝起来有点像止咳糖浆,商标是一棵热带的树木。果同学很耐心地劝我们都喝这种饮料。他说每喝一瓶这种饮料,非洲孩子就能得到 50 欧分。我有一段时间很为难,喝真可乐,怕对不起非洲儿童,喝"非洲可乐",又对不起自己。最后干脆就改喝起茶来。为了不让果同学看低他妈妈的觉悟,我很主动地给 SOS 儿童村的一个叫诺米的越南男孩捐了一次钱,并把诺米带照片的回信很刻意地在桌子上放了好几天。

做善事有一个好处,就是自我感觉好了很多,走在阳光明媚的马路上,感觉自己也成了阳光的一部分,照在了某个人身上,让他暖洋洋的,于是自己心里也暖洋洋的。

女友登门

圣诞节坐车出门，人很多，我和果同学挤在车后座。我看到他的外套上有一根纤细、金色的长头发，就问他最近是不是有了一个金发的女朋友。他吃了一惊，却装得不动声色地问我怎么知道的。这么容易就套出他的秘密来，我很得意，轻描淡写地说，多看几本侦探小说就知道了。他于是不再往下说，我也就不再往下问。以往的经验告诉我，过早地把儿子的女朋友和未来的儿媳妇联想在一起，是很愚蠢的妇人之见。

过了圣诞的某一天，果同学通知我们，他的女朋友要过来玩。原来金发女郎住在柏林，她计划在这天上午九点左右搭顺路车来看望果同学。虽说曾经有一次，有个女孩子坐飞机来看望果同学，但这种浪漫地搭顺路车过来的还是第一次见。我和果同学商量怎么款待金发女郎，不知道她是不是喜欢吃中国菜，准备把圣诞节剩下的烤鹅拿出来当午餐。果同学有点不好意思地说："她不吃肉，是个素食主义者。"我这个当妈的当场就哈哈大笑起来，笑得差点喘不过气来。因为我突然想起有部叫《怎样在十天内蹬掉一个男人》的好莱坞娱乐片。素食主义是影片中美女的一计。她的男朋友精心做了牛排请她吃，她装得娇滴滴地说，她是个素食主义者，气得她男朋友背着她在厨房里踢桌子。碰巧我是和果同学一起看这部片子的，被我一提醒，他也大笑起来。笑完之后还给自己找了个台阶说，这样的女朋友也有好处啊，起码她不跟你抢东西吃。对于素食主义的女孩，我长期以来有一种观点，认为都是些姿色平平的女孩，用素食主义在餐桌上吸引别人的注意。我很小心地管住自己的嘴巴，不拿妇人之见去刺激年轻人。

到了中午时分，我先生也回来了，进门就问金发女郎到了没有。果同学通过手机得到消息，说她还没有搭到顺路车，还在马路边站着喝西北风呢。我先生就说，一个女孩子两个小时搭不到顺路车，那就说明她长得一般般。他一句话就把金发女郎淘汰出局，还印证了我的观点。我怕果同学伤心，赶紧很传统地说："长得漂不漂亮不重要啦，重要的是脑子聪明，心地善良。"有一句话没敢说出来，还要能大块吃肉，大碗吃饭。我把这句话再次憋在心里。我知道果同学平时一脸反传统的样子，关键时刻对我们的话还是很在意的。所以我总是小心翼翼地跟他沟通。

等我们准备吃烤鹅时，果同学接到指令，金发女郎准备坐火车过来，让他十万火急地到网上去查火车时刻表。等我们吃完烤鹅的时候，金发女郎打电话过来说没有合适的班次，她今天不过来了。我忍不住幸灾乐祸地说："是啊，柏林也有的是蔬菜吃啊。"

随后，我们一起哈哈大笑起来。专家们经常说，孩子的这类事情，大人最好不要插手。这实在是很不公平。好不容易把一个孩子养大，他带女友上门，做大人的发表一下自己的观点总还是可以的吧。

红灯和绿灯

很多年以前考驾照的时候有这么一道选择题：当你在行车的时候，路边滚出来一个皮球，你是原速行驶，加速行驶，还是减速行驶？

我那时候已经对德国人颇为了解，毫不犹豫地就选择了减速行驶。我想，如果选项里有刹车这一项，我就选刹车。如果一个皮球滚出来，就意味着后面有可能跟着一个或者是一群追赶皮球的孩子。这些孩子追球的时候会不管不顾，所以应该减速，以防万一。虽然我路考栽过两次，但理论考试却一次性通过，而且是连德国人也很少能考到的满分。

在德国的马路上经常看到这种情况：红灯亮着，绿灯方向一辆车也没有，但路人都站着不动，直到绿灯亮起来才过马路。不是德国人太死板，据说是因为也许此时在某个窗户里，或者某辆汽车里有孩子正在向外张望。如果有人闯红灯，这个孩子由此会得出一个结论：原来红灯亮的时候过马路一点也不危险。那些路人都是在给车里的孩子做表率，时间长了，孩子也会养成遵守交通规则的习惯。

当然也会碰到例外的时候。有一次下着雨刮着风，一个红灯亮了很长时间，而马路上一辆车也没有。于是一个跟我一起等着过马路的老太太看看我，自言自语地说：这里没有孩子吧？然后她就闯红灯过了马路，我也就跟她一起过去了。感觉上不跟她过去，有点假正经。

还有一次也是刮风下雨，一个红灯很可疑地亮了很长时间，让人觉得有可能是灯坏了。这时候一个年轻人嘀咕，说这里没有孩子，过去算了。另一个年轻人很坚决地指指马路对面，原来那里有一个人带着一只狗在等着过马路。那条狗蠢蠢欲动，而主人正把红灯指给它看。于是我们这边的几个人就很耐心地配合狗主人的教育工作，继续耐心地等待绿灯亮起来。

9月初开学时，很多马路上会临时竖起牌子，提醒司机注意刚入学的一年级学生，因为他们还不懂交通规则。开学的第一个星期，警察叔叔就会深入到各所小学去，先上一堂理论课。为了让孩子们感兴趣，专门有受过木偶表演训练的警察，会为刚入学的小学生表演一场交通规则的木偶戏，然后带着小学生上街散步，告诉他们应该怎么过斑马线，应该怎么看红绿灯。这时候，警察会穿一件闪闪发亮的反光背心，高举一个同样闪闪发亮的红色牌子。碰到这样的场合，马路上的行人都提高警惕，怕一不小心给做了反面教材。

很多年以前，在汉堡的一条马路上，有个小学生在绿灯刚亮起的时候冲过马路，正好有一辆车闯红灯，车速快，没刹住。理论上讲那孩子一点错也没有，可是命都没有了，谁对谁错有什么用呢？

从那以后，警察叔叔到小学上交通课的时候又多了一项内容：过马路不但要看灯，也要看车。因为灯不开车，是人在开车，而人有的时候会犯错误。

而在那个孩子出事的路边，竖起了一个小小的十字架。每年春天，孩子的家人都会在十字架周围种上鲜花，时刻警示着每一个开车的人。

巴西小乌龟

果同学很小就开始一个人坐着国际航班飞来飞去了。这种无大人陪伴的孩子，脖子上会挂一个蓝牌子的塑料袋，袋子里放着机票和护照，由航空公司的工作人员把他们领着过海关和安检。一次航空公司的人把果同学交到我手里，我觉得他的神情很诡异，就问他出了什么事。他紧闭嘴巴不说话，紧紧抱着他的背包。

到了家里，他打开背包，拿出一个透明的塑料盒子，里面是两只绿壳红边的巴西小乌龟。我心里一惊，因为我从来就不太喜欢小动物。他兴高采烈地说这是他和爸爸在海南岛的马路边上买的。我不想扫他的兴，就把它们放到一个玻璃瓶里。

晚上，我对果同学的德国爸爸说："我们明天带着果同学到离家不远的阿尔斯黛湖边去，我们教育他要还动物自由，给巴西小龟举行一个放养仪式，把它们扔进湖里算了。"

他很严肃地看看我，说："你这是在骗自己嘛。巴西龟是热带动物，扔进阿尔斯黛湖里，没几天它们就冻死了。"我说那怎么办？因为老回中国拍片子，养个孩子已经觉得很麻烦了。他依然很严肃地看着我，说要把乌龟留下来。果同学的德国爸爸不是基督徒，也不是佛教徒，但他坚信世间万物和人的生命一样，都是应该爱惜的。他说就把它当成是对孩子进行生命意识教育和责任感教育的一个素材。我被他击中了软肋。他知道，万事万物，一提高到儿童教育的高度，我就会尽全力去做的，因为我想把我的孩子教育成一个优秀的人。

从此我就跟宠物店打上了交道。先买了一个鱼缸,刚拿回家去,就意识到买错了。因为这是热带动物,需要保持水温,所以应该是带盖子的那种。单是带盖子的鱼缸还不够,宠物店的人说还要买个加热器,给水加温。水热了以后容易臭,所以又得买个过滤泵。水温到了也干净了还是不够,还要买点小山小桥和小石子放在鱼缸里给人家玩。食物也是大事情。买了一罐鱼食,人家还不爱吃。去请教宠物店的人,小伙子给我翻看了一通书,又让我们买了另一种鱼食。每次我都坚持带着果同学一起去宠物店跟人家探讨研究,以增强他的责任感。可果同学常常没有空,不是有小提琴课,就是有小朋友的约会,都是些名正言顺的理由。到后来,给乌龟喂食的是我,给鱼缸换水的是我,时不时跑到宠物店去倾听小伙子教育的也是我。最可气的是那个宠物店的小伙子,跟我讲话的时候就像一个教授在跟家庭妇女讲道理。我每次气得咬牙切齿地回家,但碰到问题还是忍不住再去向他讨教。

两只巴西龟从硬币那么大长到了巴掌那么大,硕大无比的鱼缸突然显得拥挤起来。果同学开始害怕了,说它们到底要长多大呢?早知道它们会长这么大,他那会儿就不买它们了。

经过这么多年的含辛茹苦,我终于找到了一个教育他尊重生命和承担责任的合适机会。果同学一边默不作声地听我的教导,一边害怕地看着那两只大乌龟。我刚说完,他就说,他现在明白了,以后人家就是要送他乌龟,他也绝不再要。但现在到底怎么办呢?我说他正好要回南京去学半年中文,干脆让乌龟哪里来的还到哪里去。他充满责任感地说不可以,因为老人会把乌龟煮汤喝的。我虽然不喜欢这两只乌龟,但把它们煮成汤的念头让我觉得恶心。

果同学去南京期间,我们要去海边度假。我先生不忍心把乌龟们撂在家里,就把它们放在桶里带去了海边。我们在花园里给它们围起了一块草坪，让它们在青草地上晒太阳。一路的颠簸和环境的变化让乌龟们深感不安，最后它们来了个胜利大逃亡——两只乌龟一起失踪。我们和村里的邻居一起把几千平方米的花园每一寸都找了一遍，最后终于找到了一只，还有一只不知去向。

我马上给果同学写了邮件，还打了电话，报告他乌龟失踪的消息。电话里他的声音听起来一点也不伤心，还有一点喜气洋洋的感觉。他很通情达理地安慰我们，还说那只乌龟会过得很开心，因为它终于获得了自由。

剩下的那只乌龟从此呆呆地趴在鱼缸里，看起来很失落。我们开始查看报纸上走失动物的消息。有一次，有人捡到了一只巴西龟，我们把登出的乌龟照片看了又看，觉得很有可能是我们的巴西龟，于是打电话过去询问，但人家是在一个遥远无比的地方发现那只乌龟的。我们的巴西龟还不会坐火车，是无论如何到不了那里的。

一个朋友建议我们把那只孤独的乌龟偷偷送到城市花园的暖房里去。她说那里有很多乌龟，生活得很开心。我去那个湿润温暖的花房看了几次，那里确实有很多巨大的巴西龟，懒洋洋地在浅浅的水里游来游去，周围是深绿肥厚的热带作物，阳光透过玻璃屋顶温暖地洒落下来，看上去舒适无比。对我们那只孤独的巴西龟来说，这将是一个很好的归宿。

我们仍然不忘教育的使命，一直等到果同学从南京回来，才与他一起去做这件事情。我把巴西龟装在手提包里，一路上它在包里不断地挣扎着。到了花房里，我们沿着石头小桥曲里拐弯地走着，一直走到一大群乌龟生活的水池里。我把在包里挣扎不已的巴西龟丢进水池里，它很快向水池中心游去。它的同类纷纷向它游来，把它围在中间，像在询问它的来历。它长得跟它们一模一样，就是稍稍小了一些。

我欣慰地对果同学说:"没事了,它们认可它了,我们走吧。"

话音刚落,那只乌龟突然从同类的包围圈中飞快地游了出来,一直游到我的面前。它居然听出了我的声音,在我面前游来游去,不肯离开。

这一瞬间,我突然热泪盈眶,内心深处像被利刃刺中一般地疼痛起来。分离,原来会这样刻骨铭心地疼痛,甚至跟这样一只我从来没有真正爱过,只是因为教育孩子才留下的乌龟。

我想,真正受了教育的,原来是我啊。

谁是圣诞老人

在西方，人人都会谈论圣诞老人，但真正相信这个世界上有圣诞老人的只有很少数的人，基本是6岁以下的儿童。我之所以很准确地用6岁这个年龄档来划分，当然有我的道理。果同学6岁的时候第一次在德国经历圣诞节。12月6日那天早晨，他出门去上学，看到门口他的鞋子里放了一大块巧克力和一个乐高玩具。这一天是尼古拉节，如果晚上睡觉以前把鞋子放在门口，长得像圣诞老人的尼古拉就会往鞋子里放一个小礼物。这有点像圣诞大礼以前的预热。

果同学问我是谁送的。当妈的装模作样地说："是尼古拉送的吧？"果同学眼明心亮地说："我跟尼古拉不认识，尼古拉怎么会知道我住在这里？"当妈的没辙了，就反问："那你说是谁送的呢？"这个在国内上了三年幼儿园的孩子想了想，认真地说："是国家送的。"这句话成了果同学的经典语录。德国的孩子会把七大姑八大姨一个个地猜过去，但绝不会有一个孩子会猜是国家送的。因为学校从来不进行爱国主义教育，所以虽然每个生活在德国的孩子每个月都能得到一笔联邦政府发的儿童费，但在他们的概念里，国家就像空气一样，不是一个实体。

有一年12月初，果同学去波恩参加一个联邦政府举办的青年论坛，住在青年中心的酒店里，晚上在走廊里闻到烤饼干的香气，他记起第二天是尼古拉节，所以睡觉之前就把一只鞋子放到了门外。第二天早上，他的鞋子里塞了一大包饼干——真是国家送的，而且他是唯一得到这份礼物的人，因为他是唯一把鞋子放在门外的人。

主持青年论坛的人们非常好奇，特地要认识一下这个出了家门仍然坚信世界上还会有人往他鞋子里塞礼物的青年人。果同学顿时成了那个论坛最有名的人物。

一般到了小学二年级的时候，老师会小心地向孩子揭开圣诞老人的真相。他们会问一些启发性的问题，比如，你有没有亲眼看见圣诞老人进你家门呢？你把你的圣诞心愿都给了爸爸妈妈，圣诞老人是怎么知道你的心愿的呢？这么问来问去，孩子们就慢慢地悟到，原来那个圣诞老人就是他亲爱的爸爸妈妈啊。

有人说，在那一瞬间，孩子告别了他的童年。

圣诞节的礼物

两千多年以前,当耶稣刚生下来还在马厩里躺着的时候,就有三位长者风尘仆仆地从东方赶来,他们带着礼物特地来看望刚刚来到世上的圣婴。很多大师的绘画都描绘了这个场景。有人把它译成东方三博士,从德文的词义来翻译,好像应该是东方三圣。不管是三圣还是三博士,总之,人家没有空手来。这是两千多年前的规矩了。所以没有礼物的圣诞节,也不能算是圣诞节。

从12月1日开始,各大商场专卖店就开始为大家支招。圣诞节的礼物不在于价格,也不在于多少,在于要有爱心,要让收到礼物的人惊喜。这些礼物要怀着爱心很精致很豪华地包装起来,金光闪闪地放在圣诞树下,在24日平安夜那天打开。

孩子小的时候是很容易感受到惊喜的。他们一般会列出一个他们期待的圣诞节礼物的清单,当父母从中选择一项至两项时,小孩子就会很惊喜。可是,等孩子长大了,他们就不再列圣诞礼物的清单了。这个时候送惊喜的难度就很大。有一年我给果同学买了一款为年轻男士推出的香水,他没有惊喜倒是惊吓了一下,因为他最恨的就是带香水气的男人。我买的时候偏偏忘了这茬,还认为自己很前卫。

在我得到的礼物中,记忆最深的有两件。一件是果同学一年级的时候在手工课上用绿色和蓝色的玻璃珠给我做的一条手链和一串项链。果同学小时候手很巧,而且很善于做精细的东西。我当时对他说,这是我见过的最美丽的项链和手链。几年后,果同学有一次问我为什么从来不戴他送的最美的项链和手链呢？是啊，我为什么不戴呢？我只能跟他说，因为太美了啊，不能轻易戴啊。

还有一件是先生送的，六个人工吹出来的水晶酒杯。酒杯巨大，脚巨细，吹弹即破。它们不能放在洗碗机里洗，必须手洗，而且要小心翼翼。一直到现在，我每使用它们一次就要惊厥一次。

买圣诞礼物是一门很复杂的学问，很多时候花了钱还不讨好。但是大家还有一次机会，到了12月28日左右，很多人把自己不喜欢或者是买重了的礼物送回店里去退货，或者是调换。那几天大商场总是人头攒动，看来对礼物不满意的人还不是一个两个。

成长的失落

德国有一个咖啡连锁店，不但咖啡卖得比别家便宜，其他生活用品也价廉物美。我是这个连锁店的忠实客户。直到有一次，果同学跟我说，不许再买这个牌子的咖啡。我觉得很奇怪：说起来，果同学和这家的孩子还是同学，开家长会时，妈妈们见了面也都是客客气气的。果同学说，这个公司让很小的非洲孩子在咖啡地里干活，只付人家很少的钱。所以他家的咖啡这么便宜，全是剥削出来的。我很有正义感地跟他说，以后我们家再不买这家的咖啡了。

这话说出去很容易，做起来非常难，因为别的牌子的咖啡普遍贵了很多。而咖啡是常用食品，差不多每两个星期就要买一次。一个人走过又便宜又好的咖啡店，过门不入，而去买贵出一半，甚至是一倍的咖啡，是不是有点不正常呢？全德国喝咖啡的人，难道非要我一个人去忧国忧民？我坚持几个月以后，终于放弃了我的正义行为。

后来偶然看到一个关于这个咖啡连锁店的纪录片，记者们又一次跟踪到非洲，又一次拍摄到非洲小孩收获咖啡豆的镜头。其中有一个8岁的漂亮男孩子，一路翻山越岭，走了十几公里，把满满一袋咖啡豆背到收购处。他这样背了一天，得到了三欧元。记者问他这是不是他一天劳动的报酬，他露出洁白的牙齿，笑眯眯地说，这是他一家人今天的工钱。

看完电视，我很激动地给果同学打电话，他很安静地听着。当听到我说，我以后真的不买这个牌子的咖啡时，他很冷静地说："你不用这么做。你以为那些卖得贵的咖啡就不是非洲小孩背下山的？只要是非洲的咖啡，都是小孩子背出来的。那些卖得贵的牌子，既剥削了非洲孩子，又剥削了你。所以说，你还是买他家的咖啡吧。"

我一时说不出话来。不是因为别的，只为他这样的冷静和理智。

他又说："如果你真的要坚持正义，那只有一个办法。"

我问："是什么办法？"

"你们就不要再喝咖啡，改喝茶。"他停顿了一下说，"不过，如果是印度或斯里兰卡的茶，有一些一定也是童工生产出来的。这个世界就是这样的。"

我放下电话，心里有点失望。果同学说的句句在理，他已经成人了。可是，不知为什么，我更怀念以前那个一腔热血，天真勇敢地追求公平正义的小男孩。那时候，那个小男孩经常对着不公平的事情清朗地说：这个世界不应该这样的。

也许，这就是成长。得到很多，失去的也很多。而失去了的，也许正是最美好的。

家是你永久的港湾

在机场向我们挥手告别的一刹那,你是那么快乐。新的生活即将开始,你去伦敦读硕士,在你喜欢的学校,住你喜欢的公寓。你的笑脸明亮清新,如同清晨的阳光。我们并肩站着,也笑着向你挥手。但你可知道,其实我的心里充满了失落。不,不是因为分别,你走得并不远,从汉堡到伦敦,只有一个半小时的飞行时间。可是,我知道,其实你已经走得很远了。从几年前你离家上大学那天起,你就一步步走向独立,你不再需要我们生活上的照顾,也很少需要我们的忠告和建议。我们能够给你的东西已经很少很少了。

从机场回来,我走进你的房间。你的房间仍然是几年以前你离家上大学时留下的一片狼藉。四面墙上贴满了照片、乐谱、各种音乐会的入场券、你所喜欢的城市的地铁图,还有你十一年级的课程表,等等。很多朋友劝我,应该把你房间里的东西清理干净,重新装修,开启身边没有孩子的新生活。可是我,却一直下不了这个决心。

你曾经告诉过我,你的一个德国同学在离家上大学时,父母让他带上自己喜欢的家具和衣物,然后把他的房间彻底清扫干净,装修成了妈妈的书房。除了照片,他在家里的痕迹已经消除得一干二净。以后他再回去,只能在妈妈书房的沙发上过夜。我听了心里很难过。我认识的很多德国父母都是这样做的。我柏林的朋友有三个儿子,每出去一个,他们就把那个孩子的房间清扫一空。现在这对夫妻,拥有四个书房。我实在很想问他们:为什么不为三个孩子哪怕留下一个睡房呢？我知道，他们不希望孩子留恋自己温暖舒适的家，他们希望孩子一往无前地走向世界，所以把孩子的退路堵得严严实实。父母就是这样做的，等这些孩子做了父母，他们会继续这样做。他们很优秀，他们的孩子们也都很优秀。

可是，我宁可不要这样的优秀。这么多年来，我从德国人那里学到了很多理性的教育方式，但是对于这一点，我不喜欢，不赞成，不模仿。几年前你整理上大学的行李，我把一叠熨烫过的衬衣送到你房间里。你拥抱我，说："妈妈，谢谢你，以后你不会再帮我熨烫衣服了。"我说："当然会，这里是你随时可以回来的地方。我们会一直为你保留这个房间。"

孩子，你可以在外面顶天立地做男人。当你累了想回家的时候，你仍然是我们的孩子。你的房间还是当年的样子。你拉开抽屉，会发现某一年某一天某个女孩子给你写的纸条。你入睡的时候，枕边还是你当年爱读的那本书，甚至还翻在那一页。你变了很多，但你的家没有变。这是我们永远能够给你的东西。

家，是你永久的港湾。牢记这一点，你会走得很远很远。

爱到不再爱

有一年过节放长假的时候，我在国内临时决定坐火车回家。运气还不错，碰巧买到了最后一张软席票。一进候车室，我以为走错了地方，站着坐着的都是学生模样的人。我不是说软席非得什么人才能坐，其实什么人都可以坐，只是当学生的应该少坐或不坐。因为学生还在花父母的钱，所以应该采用最节约的方式去旅行。起码，在中国以外的地方，人们大多数都是这么想的，也都是这么做的。为什么偏偏中国人不这么想，我有点不明白。

在西北旅行的时候，看到很多村子的墙上写着：再穷不能穷了孩子。这是指教育，我同意。但在现在的中国，我还要再加一句话：再富不能富了孩子。

在欧洲火车的软席车厢里，我还从来没见过一个学生模样的人。即使是在圣诞节，车厢过道都挤满人的时候。有的学生为了省钱，专门乘坐站站都停的慢车。他们的父母也赞成这样的做法。

我们早已习惯了用金钱度量一切。但恰恰是父母的爱，在很多时候和金钱没有关系。

在德国有一个传统，一个人过了18岁生日以后，要独自出门旅行一次。要争取用最少的钱走最多的地方，并且尽可能在外面待很长的时间，以便认识世界，体验人生，学会独自生存的本领。有句话把这样的旅行概括得很形象：出门时是个孩子，回来就是成人了。

这是人生的第一次冒险。多少年以后，每个德国成年人都会以一种自豪的心情向自己的女朋友或自己的孩子讲述第一次独自旅行的故事，花了怎样少的钱，走了怎样多的路，受到了什么人的帮助，受了什么人的欺骗。这是一生一世都可以讲述的故事，也是在家族里可以世代相传的传奇。如果一个孩子出门没几天就往回走，这将成为他和他父母终身的耻辱。

我认识一个汉堡的有钱人，他是真正意义上的有钱人。因为从他父辈起，已经不再需要靠工作赚钱了，他家的钱在帮他们赚钱。他18岁那年揣着父亲给他的钱去游欧洲。他每天可以支配的钱相当于现在的2.5欧元，约合人民币20元。即使在那个时代，这也是很少的一个数目。百万富翁的父亲希望儿子能在外面至少旅行一个月再回家，最终他在外面旅行了整整40天。有几天，他就吃黑面包，喝自来水。他睡过青年旅馆，睡过人家的客厅、马槽，也在外面露宿过。他回家以后，家里为他举行了一个大派对：鲜花、香槟和最昂贵的食物铺天盖地。他感慨地想，在那些困难的日子里，桌上任何一杯香槟的钱，都足以让他饱餐一顿了。他把他的感慨告诉了父亲，当然有点谴责的意思。父亲回答说："孩子，我是在花我自己的钱。而你花的是我的钱。"他说，那一瞬间，他明白父亲已经把人生最重要的财富赠送给了他。他的父亲让他明白，一个过了18岁的成人，从父母手里得到的钱就像是礼物，不论多少，都应该心存感激。

他的经历给我留下的印象极深。我的儿子果同学第一次单独出去旅行时，我按常规给了他很少的钱。我没有过问他的旅行线路，只是希望他千万不要因为没有钱而中途返回。临到他出门时，我忍不住说，他真需要钱时，就用卡取吧，不要太节约。话刚说完，我心里就后悔得要死。不要太节约，难道要让他当败家子才舒坦？过了几天我才想明白，原来我还是一个很愚蠢的母亲啊。爱孩子的最高境界，是孩子一旦成人，就把那爱深深地藏起来。因为你面对的是一个成年人，他要走向世界。他会经受困苦，经受磨难，还要养家糊口，那是他自己的生活。如果你注定不能守护他一辈子，那最好的办法就是尽早放手，让他尽早学会生活。

那天清晨，我把果同学送到火车站，看着他背着鼓鼓的背囊，像小骆驼一样消失在了人群中。明知他不会再回头，我还是向他挥了挥手。我心里对这个世界说：我把我的孩子交给你了，我不想宠坏我的孩子，但我希望你在他第一次独自旅行的时候善待他，不要让他对这个世界失望。

果同学出去后给我发了几次短信。他说他运气好，总是碰到好心人。看到他背着沉重的背囊，路过的汽车会停下来，主动带他一程。饿了一天以后半夜到达威尼斯，他去敲一家麦当劳的后门，人家出来，把当天卖剩下来的汉堡包送给他。每次他感谢人家，人家都说不用感谢，因为他们年轻时也是这样过来的。他在短信里写道：妈妈，帮我一个忙，当背着行囊的年轻人向你请求帮助时，你一定要帮助他。

果同学的短信好像就写在了我的脸上。在他远行的那些日子里，每当我经过汉堡中心火车站时，总有风尘仆仆、背着背囊的年轻人捕捉到我脸上的信息，穿过熙熙攘攘的人群，准确无误地走到我的面前，向我问路，向我要几个硬币在自动售货机上买饮料。我惊叹他们的直觉，总是受宠若惊地为他们做一切，从来没有过一次拒绝。

因为我想，此时此刻，在世界的某个地方，别人的父母也正在帮助我的孩子。既然我无法回报他们，那就让我把这份感恩转送给别人家的孩子吧。

密码改了

暑假里,果同学回来住几天。按往年的习惯,我们会抽出半天时间,一起上街去给他买一些衣服。果同学现在仍然在伦敦读博士,和女朋友一起租了个公寓,悠闲地过着小日子。这个暑假,他女朋友要工作,没有一起回来。而他也有很多活动,旅游,讲课,开会,去各种地方见各种人,所以这次回家的时间很短。回来后,自然又有很多中学同学的约会,我们总是凑不到一起上街。考虑到果同学现在经济已经完全独立,平时不花我们一分钱,做父母的还是应该找机会尽一点心意。

在他回伦敦的前一天,我一个人上街,自作主张地为他买了一堆日常需要的衣服。我把衣服堆到他房间里。他很晚才回家,一边收拾行李,一边在我的监督下试穿那些衣服。那些衣服买得很不争气,小部分合身,大部分不合身,不是大就是小。总之,我在手机里记下的那些尺寸,好像都错了。最后,他指着几件绣着骑马打球商标的毛衣和T恤认真地对我说:"请你以后不要给我买这个牌子的衣服了,我不喜欢。"我愣了一下说:"你以前不是很喜欢的吗?"他说:"我们学校穿这种衣服的学生,都是我不喜欢的那类学生。我穿上这样的衣服,不就跟他们一伙了吗?"我飞快地总结归纳一下,问:"你的意思是说,你以后不穿名牌了?"他说:"当然不是。比如上次的那件风衣,就很符合伦敦的气候,还有那套西装,也很合适。"明白了,原来他喜欢更大的牌子了。他说当然不是。我们互相切磋了一下,最后我终于弄明白，果同学对名牌无冤无仇，只是他现在不喜欢带有明显标记的衣服，他追求含蓄低调。试到最后，他安慰性地把一条牛仔裤和一双皮鞋装进箱子里，然后像兄长一样拍拍我的肩膀说："以后你别给我买衣服了。我需要衣服的时候，我们会一起到牛津街买的。"这个"们"当然是指他的女朋友。也就是说，从现在起，为果同学买衣服的事由旁人接替了。当妈妈的能为他做的事已经越来越少了。

第二天，把果同学送到机场以后，我提着一大堆衣服，开始一家一家退货，必要的时候还要编出很多理由。我一路退，一路悲哀地想，这好比我经营了多年的博客，一路走来，又是贴照片又是发文章，正当得意洋洋地欣赏时，突然间，我发现进不去这个博客了，因为密码被那个女孩子改了。

人生一路走来，对我们的父母，我们改了密码，然后我们的孩子又改了他们的密码。我们现在唯一能做的，就是互相点赞了。

交叉与平行

首先说明，这里讲的不是几何线条，而是父母与孩子的关系，特别是父母与已经长大成人的孩子的关系。

很久以前，孩子长大了离开家以后，父母与孩子之间的沟通主要靠信件。所以有"家书抵万金"和"衔书必青鸟"之说。后来，有了电话，如果很久没有孩子的音讯了，父母会去邮局打个长途电话。再后来，有了手机，随时随地可以联系。到了今天，有了微信，使得父母与孩子的联系变得更加紧密起来。如果孩子没有把你拉黑的话，他可以随时随地发照片告诉你们，他中午吃了什么，他正在和谁在一起，他正在什么地方玩耍。如果加一段视频，当父母的就有身临其境的感觉。

果同学一边在伦敦政经学院读博士，一边为某个国际基金会打工，经常在世界各地飞来飞去。他每到一个地方，在飞机落地时就给我发一个方位，然后再陆续发一些当地的风景和美食。

他曾去过印度好几次，监督一个重要的国际助学项目。每次他给我们发来各种恒河日出、印度寺庙的香火、长着美丽动人大眼睛的印度男孩女孩们的视频和照片，我们就一边欣赏，一边赞叹这小子真有福气，有这么多公费旅游的机会。

一次我们有空细细聊天。他突然说，其实最近一次的印度之行，对他来说非常痛苦和焦虑。原因是，他下飞机以后的第一顿晚餐，就被咖喱鸡的一块骨头卡住了喉咙。陪同他的工作人员把他送到新德里医院。他说，他一看医院的状况，就说绝不住进这样的医院。回到酒店后，他从网上寻找各种化解的办法。最初几天里，他只能喝流质，吃软和的东西，直到一个星期以后才化险为夷。

我问他，为什么他微信上只发莺歌燕舞，却没有把这样的事故告诉我们？他冷静地说："告诉你们有什么用？你们帮不上任何忙，只是多了担心。然后你们会不断地发微信问我怎么样了，而我去的地方，有时候网络信号很弱，也许根本就收不到你们的信息。可我如果不及时回复，你们就更加担心。这对你们，对我，都不好。"

我无语。这个小时候手指头被玩具夹了一下都会来报告的孩子，说得很理智很有道理。其实，我们对孩子又何尝不是这样，我们对孩子也通常是报喜不报忧。因为那些喜，可以分享；而那些忧，除了自己，没有任何人可以化解和分担。

父母和孩子的关系就像两条线，一开始是合并在一起的，细细密密、纠纠缠缠。随着孩子的成长，这两条线渐渐开叉，分离，渐行渐远，最后成了两条平行直线，不远不近地互相观望和关注。这两条平行直线之间的距离，是一种善意的体贴，也是一种理智的尊重。

转过脸去

永远不会忘记果同学刚到柏林上大学时，他和几个朋友合租的那个大公寓。

我第一次去的时候，果同学兴高采烈地跟我说这房子是多么的酷，有一百多年的历史，完全是德国二战以前的格局：拐弯抹角的各种过道，各种大小房间；能明显地分辨出主人的书房、卧室、洗手间，还有佣人的住房和洗手间；在主人的书房里，还有一个小小的密室。他住的房间是主人的书房，晚上出去上洗手间时，阴森森的，感觉随时会有一个旧贵族从哪个角落里冒出来。

而当妈妈的眼睛里看到的是，这是一座年久失修的老房子。破旧的大门，被涂得乱七八糟的过道，陈旧不堪的墙布，厨房设备破破烂烂，窗子是单层玻璃，还没有暖气。每个房间有一个壁炉，靠烧煤炭取暖。我问他房东有没有修缮的计划，他说近几年没有，因为房东手头没有钱。问他是否可以用电暖气代替壁炉取暖，他说不可能，因为线路太老，电表的功率不够。

我问他怎么想起来租这样的公寓。他说大学开学前夕，单人公寓不容易租到。这边有很多这样的老公寓，价格也不贵，所以他们几个人就合伙把它租了下来。其实，我想跟他说，还有另一个方案。他可以到我们柏林的朋友家去住几个月，等找到合适的公寓再搬出去。朋友家的房子很大，几个孩子都已经长大成人搬出去了，有好几个空房间，在那里会很舒服，而且我们也会很放心。可是，看他那么兴高采烈，我没有再说什么。毕竟孩子已经成人，他想在什么地方，与什么人同住，完全不应该由我们为他做主。

我们一起去了宜家，购买了从沙发床到桌椅等各种生活必需品。买的时候既考虑到尽可能舒适，也考虑到，如果他没了新鲜劲以后想搬家的时候，没有那么多不易搬动的东西。等一切安顿好以后，我认真地跟他谈起防止煤气中毒的问题。壁炉一般是个装饰品，偶尔生个火，营造一下气氛是很浪漫的。可把壁炉当成冬天唯一的取暖工具，烧的还是煤炭，就是个比较严重的问题了。他说，他已经在网上查过防止煤气中毒的注意事项，已经很明白，不会有问题的。

然后，他送我下楼。出门的时候，公寓的大门关了两次还是没关上，因为陈旧的门铰链出了问题，他把门使劲抬起来，才把门关上。他做这一切的时候，我只是把脸转过去，装作没有看见。而他，整个柏林读大学期间，在那里住得其乐融融。

当做父母的已经无法再为孩子护航和解忧的时候，我们能做的最明智的事情就是：把脸转过去，装作什么也没看见。

网络传情

果同学有次回家过节。我顺口问他为什么不把剑桥硕士女朋友一起带回来，他假装突然记起来的样子，说："哦，忘了跟你们说，我们分手了。"其实，我一开始也不看好这个剑桥硕士。这女孩智商很高，但情商有点问题。可他们从柏林上大学起就认识，几次一起去古巴，又先后都到了伦敦，在一起相处了好多年。儿子小时候我就对他说过，只要他喜欢的女孩子，我都会喜欢的，所以我努力学着喜欢她。还没怎么太努力，我就真的喜欢上她了。为了她，我专门注册了推特，只要她一更新，有时候我还没完全读出个东南西北来，就立刻飞奔过去点赞。为了我，她专门下载了中国的微信，和我互加好友。逢年过节，我们互相问候，互相写些暖心的话。最可贵的是，她动不动会发一些果同学的照片过来，打破了果同学报喜不报忧，或者喜忧都不报的局面。感觉上她成了我安插在果同学身边的卧底。跟她处到这一步，我容易吗？出现这种前功尽弃的局面，我真觉得有点可惜。可我有什么办法？只是细细问他分手的经过。知道果同学一直善待她，还帮她找了住处。我只能跟他说，以后推特上我还会去给她点赞的噢。果同学很冷静地说，当然可以，他们还是朋友。

然后，我单刀直入地说："现在，请把你新女朋友的照片拿出来给我看看。"他大惊，说："你怎么知道我有新的女朋友了？"我说："你回家到现在拍的那些照片，除了发给女朋友，是没有别的人感兴趣的。我一直以为你是发给剑桥硕士的，现在你说你们吹了，那肯定是发给了另外一个人。"果同学自嘲地说:"我本来想过一阵告诉你们的。我从小就知道,我的什么事都瞒不过你的。"于是,他把新女朋友的照片给我们看,是个意大利女孩,又是金发,有一个好听却不好记的名字。

没几天,我在微信上收到一个加好友的英语请求,是个外国名字。我有点纳闷,读了几遍名字,突然恍然大悟,原来这是果同学的意大利女友。我赶紧接受好友请求,然后发过去鲜花、亲吻还有爱心表情,我们开始了网络传情。有一天早上起来刷微信,看到前日的朋友圈信息下面有一大段英文的评论。大意是:我虽然看不懂你的文字,但我喜欢那些意大利国旗。我想,这是谁呀,竟然看不懂中国话!我的朋友圈里可都是清一色的中国人。小半天过去以后,我一个激灵,突然想起来,这是果同学的新女朋友。据说她经常把我的朋友圈信息拿去翻译,翻出来当然牛头不对马嘴。我这条信息上的意大利三个字,一概都用国旗代替了,终于让她看明白了。我赶紧回复她的评论,送上各种爱心和鲜花表情。

在这个网络的世界里,我就是这样兢兢业业地跟在儿子后面,和他的女朋友展开新一轮的网络传情。

不寻常的晚餐

春天的时候，我们去普罗旺斯度假。本来计划两人行，在伦敦读博的果同学得知我们的度假计划以后，主动要求参与，结果就变成了三人行。自从果同学上大学以后，我们几乎就没有过三人同行的机会。他不是跟同学一起出去旅行，就是跟女朋友一起出去旅行。久违的三人行让我们彼此有一种新鲜的体验。比如说，我按以前的做法，预定了家庭套房。可是，人家在入住时就提出抗议，坚决要求单独住。他提醒我说，他是大人了，出去开会人家都来接送，从来住的都是单间。酒店的服务员，一边吃吃地笑着，一边把家庭套房改成一个双人间和一个单人间。

度假的最后一天，我们在阿维农的一家有名的餐馆订了位，准备庆祝一下三人行圆满成功。这时候，果同学主动提出，晚餐由他来买单。他说，从头到尾都是我们花钱，他有点不好意思，要表示一下。

话说果同学在经济上已经独立很多年了。我有他全部账号的密码，经常进去看一下，他账面上永远是进的多出的少，形势一片大好。我有时候觉得当妈的不能太撒手不管，忍不住打些钱过去，立马就会收到他的谴责短信。他说他有钱，钱多了也就是账号上的一个数字，真的用不着这么做。所以他说的买单，不是某些年轻人的那种用父母名下的信用卡副卡去付账，而是真正意义上用他挣来的钱买单。

点餐的时候，果同学毫不犹豫地点了一份最贵的大餐。这是一个信号，就是说让我们不要考虑价格的问题，我们也都跟他保持了一致。

在点酒的时候，我们还是手下留情，选择了中等价位的。

晚餐结束时，果同学刷卡买单，并得体地付了数目恰当的小费。他那种当家做主的感觉，让我们又惊又喜。多年来，做父母的已经习惯了在一切场合买单，可现在剧情开始了逆转，孩子突然变成了买单的那个人。服务生也很得体，一转身送上三小杯香槟，笑眯眯地说："孩子买单，一定有好事，要祝贺一下。"

这顿饭于是就变得意味深长了。我喝着香槟，回想起那些年与德国婆婆一起吃饭的情景：每次酒足饭饱之后，她永远自若地坐在那里，等着儿子买单。跟我的父母在一起吃饭时，我父母同样很自若地看着我们买单。现在，我可以理解他们的感受，他们一定是欢喜的，坦然的，也是非常欣慰的。这不是钱的问题，而是一种能力的体现。它意味着上一辈对下一辈所承担的责任和义务已经发生了转移和交接。这样的转移和交接，最先会在餐桌上体现出来。

第三辑　理性的声音

彼尔的胜利

彼尔是德国巴登-符腾堡州一个十二年级的学生（十二年级相当于中国的高三）。他是一个学校和社会公认的优秀学生，学习好，热心参与各种公益活动，几年来一直坚持义务为学习困难的低年级同学进行课外辅导。

他的学校和美国一个学校是友好学校，两个学校经常互相交换学生。作为奖励，彼尔获得了去美国友好学校游学一个月的机会。当然，他的机票和饭费都由自己负担。对德国很多家庭来说，这笔钱并不是一个大数目。可是，彼尔的父母长期失业，一家人完全依靠领取社会救济金生活，所以他家拿不出这笔钱。彼尔的父母向所在地的社会劳动局申请补助，被拒绝。理由是：纳税人的钱不是用来支付学生旅行费用的。德国有很多荒唐，甚至奢侈的社会福利，因为银根紧缩，办事员对很多福利开始从严控制。

但彼尔下决心要让自己成行。他即将高中毕业，很快将面临选择大学和专业等问题，他把这次美国之行看作一个很好的机会。于是彼尔开始利用周末时间打工，并向周围的朋友们借钱。彼尔人缘很好，有很多人愿意帮助他，所以他很快就凑齐了这笔钱。

彼尔的老师知道这件事以后，对他说，这并不是解决问题最好的方法。因为彼尔学校所在的社区有很多失业者和外国移民，这些人的孩子不一定能像彼尔一样依靠自己的力量凑齐这笔钱。彼尔应该利用这个机会，为这些孩子争取利益。彼尔是个很热心的人，愿意听从老师的指点。

彼尔很认真地研究社会法，很认真地和律师进行打官司前的准备。因为他知道，他并不是为自己一个人在打这场官司。在老师和同学家长的帮助下，彼尔把当地社会劳动局告上了法庭。在联邦社会法里有一条：如果学校组织的旅行不是在假期里，那就等同于平时的上学。对于因上学而产生的费用，父母如果无法支付，学生有权利申请补助，并且不设上限。

这个官司持续了很久，一直打到德国联邦社会法庭，一直打到彼尔从美国回来。最后，法庭判决，彼尔父母所在地的社会劳动局必须支付彼尔美国之行的全部费用。彼尔的胜利，让贫困家庭的孩子们看到了光明和希望。他们知道，只要自己努力，他们完全可以获得和别人同等的机会。

一个孩子出生贫困，并不是这个孩子的错。但如果一个社会不给贫困家庭的孩子提供一个平等的机会，那就是这个社会的错。

理性的声音

经常有德国人问我，最喜欢德国的什么？

如果只让我说一样，那我的答案是——德国的知识分子。

德国的知识分子是一个很独特的群体。他们很少趋炎附势，也很少加入万众的狂欢，和社会保持着一定的距离。在触动了他们底线的时候，他们会发出强有力的声音。

德国的前国防部长古藤贝格出身贵族，法学博士，英俊潇洒，善于与媒体周旋。站在他身边的太太是俾斯麦的后裔，年轻貌美。最打动德国大众的是，有一次他站在家族的城堡前面，指着家族的大片森林田地说，他从政不是为了替自己谋利益，他并不需要这些。一时间，他人气急升，他和太太的照片几乎覆盖了德国所有的杂志和报纸，受欢迎的程度远远超过默克尔，大有下一届总理非他莫属之势。

2011年2月，突然爆出，这位政治新星的博士论文属有计划、有目的的抄袭。一时间，朝野震动。反对他的，支持他的，吵成一片。古藤贝格马上表态愿意接受学术委员会的审查，并立刻放弃博士头衔。他的态度获得了媒体和民众一边倒的支持，百分之九十的民众愿意给他一次机会。于是默克尔趁势表态说，她任命的是一位国防部长，而不是一位学术研究人员。他很胜任工作，应该继续留任。这一切跟博士学位无关。眼看这场政治风波渐渐趋于平息。

就在这时，德国2000多名教授学者联名写信给默克尔。他们说，身为物理学博士的默克尔女士忽略了一个最重要的东西，那就是，德国科研和学术领域的价值和荣誉。她的这一态度将影响德国未来年轻人治学和科研的态度。

最后，国防部长不得不黯然宣布暂时退出政坛。

同年，针对击毙本·拉登一事，默克尔当天表示，她很高兴听到击毙本·拉登的消息。就这样一句话，引起了知识分子的强烈不满，有一个法官甚至准备起诉默克尔。他说，作为一个基督教民主党的领袖，默克尔应该了解基督教规，人的生命是应该得到尊重的。任何时候都不应该为一个人被剥夺生命而表示喜悦，哪怕那是一个罪犯。默克尔马上公开承认错误。但是，知识分子们仍旧不依不饶。他们认为，美国擅自进入一个主权国家，大开杀戒，不符合民主的原则。并且，对于这样一个罪犯，应该在审判定罪以后判处死刑。现在这样的行为，其实是一场谋杀。

很多时候我并不完全赞同这些人的观点。我觉得他们经常站在道德的高地对一切事物指手画脚。但是，我赞美他们的存在，因为这是一个充满理性的声音。这个声音从中世纪到现在，有时微弱，有时强大，但是，它从来没有沉默过。

看德国人吵架

那天坐火车从柏林到汉堡，我看了一回德国人吵架。

火车离站十几分钟以后，检票员不慌不忙地走进车厢逐一检票。跟我隔着过道的那张桌面对面坐着一对年轻的恋人。我之所以判断他们是恋人，是因为他们买的火车票不一样，男孩子的车票验出了问题。简单地说来，从柏林到慕尼黑有两条线路。男孩子买的是线路甲，为了和女孩子同行，坐的是线路乙。而线路乙沿途经过的城市比线路甲多，行驶距离也就比线路甲长。检票员说这属于无票乘车，要求他重新买票。而男孩子说，他是有票的，检票员可以算出这条线路比他票上的那条线路多出多少公里，他可以补足那多出来的公里数。这男孩子很聪明，说出来的理由也无懈可击。检票员当然不愿意自找麻烦，坚持说，买什么线路就应该坐什么线路，他现在等于无票乘车，必须补票。他们压低声音争执着。

这时候对面的女孩子突然爆发了，用很高的声音说，这实在是一场闹剧，说检票员的思维方式是刻板的机器人的思维。检票员长得高高大大、仪表堂堂，被人说成机器人，一下子就急了眼，脸涨得通红，用高得足以让半个车厢都能听见的声音说，他没有兴趣在这么低的档次上跟人讨论问题，就当他没见过这两个人，让他们爱干什么就干什么。说完他转身就走了。

周围的人都松了一口气，因为在德国的火车上难得听到有人这么高声吵架。

谁知检票员刚走，男孩子开始发作了，他用很低的声音质问女孩子，为什么要跟人吵架？不管发生什么事情，他不愿意跟人吵架，再说也就是几十欧元的事情，不值得吵架。而且，他一再强调，不管发生什么事情，不应该在公共场合跟人吵架。女孩子又惊又气，一时间说不出话来，呆在那里，眼睛也红了。本来很秀丽的一个女孩子，突然变得难看起来。

我不忍心看下去，赶紧把目光转到窗外。男人都是爱面子的。那个检票员被人说成机器人，气得连公司的利益都放弃了。这个男孩子也太爱面子，狗咬吕洞宾，伤害那个挺身帮助他的女孩子。我当时想，如果我是那个女孩子，现在就会站起来，走到另一个车厢去，而且跟他从此断绝往来。

但那女孩子没那么做，红着脸急急巴巴地跟男孩子争论着。那男孩子很镇定也很安静，一遍遍重复着：一切道理都可以讲清楚的，不要在公共场合跟别人吵架，以后也不希望发生这样的情况。男孩子长得很清秀，从上到下穿得很有气质，明显比女孩子高出一个档次，而且他执着守护的那份心气和高傲，让我心生欢喜。

男孩子维护完自己的尊严后向女孩子伸出手，要跟她握手和解。女孩子却固执地低着头，坚决不去握那只伸过来的手。我的心里为女孩子着急起来，男人们这么要面子，给他们就是了，为这点小事把这样一个男孩子让给别人，实在是划不来。再说结婚以后，不愁没有时间慢慢修理他。那女孩子的思路显然跟我差不多，过了一会儿，她慢慢地站起来，从男孩子对面坐到男孩子的身边去了。不一会儿，他们搂抱在了一起。

一个德国教授和三条狗

陶里斯教授应邀到汉堡作讲座，讲的是法西斯主义对建筑学的影响。他是先生学生时代的好朋友，虽然讲座内容跟我们八竿子打不着，但我们还是早早地把时间空出来，去当他的亲友团。当然还邀请他到家里过夜，但遭到他一口谢绝。原来近几年，他一直开着房车，带着三条狗在欧洲境内讲学。据说再好的酒店他都不去住，最多进去洗个澡。

听讲座的人出奇得多。他是德国很有名的一个哲学教授，著作等身，讲得也确实不同凡响。之前约好了讲座以后我们一起吃饭，可一大堆人一直围着他问个没完没了。我等了一会儿，饿得有点吃不消，就很没教养地挤进去，告诉他我们去附近的饭店等他。他很认真地告诉我，他答应了三条狗讲座完了去散步的，除非我们允许他带着狗来吃饭。周围的人集体失语，都用更加崇拜的目光看着他。

我们在露天酒座等他。我就是想不明白他怎么答应三条狗去散步的。先生说那不稀奇，他还有一次把自己的一本著作献给了他的三条狗，这三条狗都是阴性的名字，读了扉页的人都以为他把新作同时献给了三个女人。

等了很久，远远看见有一个人骑着自行车，被三只小狗牵着过来了。饭店的老板请他把狗拴在遮阳伞的柱子上。他不理人家，牵着狗来到我面前，郑重地跟我一一介绍每条狗的名字。我把每条狗都抚摸一下，夸它们又干净又安静，还有教养有礼貌。教授严肃了半天的脸这才喜笑颜开。他解释说，我说的话狗都能听懂，它们通好几国语言，连西班牙语都能听懂个大概。感觉上好像他在向我们介绍他带的博士生。

开着房车游欧洲是我的一个梦想。吃饭的时候，我一直向他请教怎么可以和三条狗在一辆车里一起周游欧洲。他说，首先他的房车不是一般的房车。因为环保问题，欧洲国家对房车泊车管理得很严，特别是晚上，必须停到指定的地点。而他的房车是用一辆中型货车改装的，从外观看，就是普通的货车。所以，他可以在任何喜欢的地方停车过夜，而不会被别人发现。

教授说，他的房车还从来没有让别人参观过，但是如果我愿意，将成为第一个参观者。感觉上好像他直接发了个中头奖的彩票给我，所以吃过饭我就跟着他和三条狗，浩浩荡荡地走向他的房车。

他的房车从外观看果然像一辆中型货车，车身上还印着一个公司的网址。车里分三个部分：驾驶室是书房，副驾驶座上拉出一块木板，就是一张小型写字台，可以在上面用笔记本电脑；中间是睡觉的地方，有床和炉灶等等；车尾的部分隔出一块地方，供三条狗睡觉。我看了一下，隔板没有到顶，也就是说，他睡觉的时候和三条狗呼吸的是一样的空气。这个发现让我有点倒胃口。另外，我在车上没有发现洗手间。我张了几次口，没好意思问出来，如果晚上或者风雨大作的时候想上厕所，应该怎么办。

他很自豪地说，人家请他去讲课，只要是欧洲境内，他就提前几天出发，慢慢地一路写东西，一路开过去。他有车，有三条狗，还有思想，这就够了。拥有越多，失去的自由越多。

我说狗是很有意思，但一条狗就够了。他说不，狗是社会性动物，需要交流。我说，那就两条吧。他坚定不移地说，不行，三条，少一条都不愿意。我张了几次口,又没好意思说出来,怪不得他以前的太太要离婚,怪不得他一直没有固定的女友。世界上有哪个女人愿意跟三条狗在一个车里睡觉呢?

回去的路上,我就开始不停地流鼻涕淌眼泪。擦湿了三张纸巾我还没明白为什么突然又犯过敏性鼻炎了。教授电话追过来,说忘了问我喜不喜欢他的车了。我一边擦鼻子,一边说当然喜欢,很喜欢。话没说完我就恍然大悟,原来我的过敏源就是那车上无处不在的动物毛啊。

德国式排队

有一天我和果同学同时坐火车出门。我们一起在火车站吃了饭，然后就去买各自的车票。买票有两个地方：一个是人工服务厅，里面排了很长的队；一个是自动售票厅，里面空空的，因为不少人对机器还信不过。我走进去的时候，每个机器前都站着一个人。其中有一个人已经在收拾钱包，准备离开。我赶紧站到他身后。这时候，果同学把我一把拉回来，说让我别插队！

我回头一看，这才发现在门右边的角落里站着三个人，他们一起笑笑地看着我。我不好意思地退回去，对那三个人说："你们排队也应该排出个样子来。我还以为你们在一起聊天呢。"他们依然笑笑地看着我，其中一个说："没关系，你着急的话，就先买好了。"就在我们说话的功夫，几个机器都空了出来。

我们买完票分手的时候，果同学像领导一样对我说："你以后出门还是把眼镜戴着，要不，连人家排的队都看不见。就是人家不好意思说你，心里还是会想，中国人怎么就喜欢插队呢？"

过了几天我和先生去看电影，看的是《国王的演讲》。这部电影在各大影院都有放映，但我们想听柯林·菲尔斯的原版口吃，所以专门去了一个小电影院，那里是英文原版加德文字幕。到了电影院门口我们吃了一惊，因为买票的队伍排得很长。我戴上眼镜以后发现两个卖票的窗口排的队伍不一样，一个很长，一个很短。我当然就排到那个短的队伍后面。不一会儿就轮到了我。我报出网上预订的号码，把钱递过去，人家二话没说，就把票给了我。我得意洋洋地对着还排在台阶下面的先生挥挥手里的票。他三步两步跨上来，一脸不满地说："你排错队了，那是临时买票的窗口。网上订票是这个长队。"

我气急败坏地说："我报出预订号的时候，买票的小姑娘连眉头都没皱一下就把票给我了。你比人家还要较真？"他语重心长地说："人家看你是个中国人，以为你不懂排队的规矩，就将就你了。"

原来我在德国混了这么多年，还是没有学会排队。

在德国做朗读者

在德国,一个作家出版了书,最主要的宣传途径就是和读者面对面进行朗读。不谈人生,不谈创作,而是真正意义上的朗读,朗读自己的作品。朗读完以后,再跟读者进行一些交流。这样的活动一般由书店和出版社,或者什么基金会、协会组织,而且是卖门票的,门票的价格跟电影票差不多。当然,朗读的作家也是有报酬的。

自从我出书以后,也常常要面对这样的朗读活动。说实话,我的内心总是十分恐惧,怕某一天的某一次朗读会,坐在台上的我,面对的是空无一人的观众席。所以,碰到朗读的邀请,我总是找出各种理由进行推托。

有一次,某个基金会的负责人过生日,想别具一格,托人找到我,要我在她的生日酒会上朗诵我的小说。我当时的第一反应是,这跟唱堂会有什么两样,当然不去。我们的朋友,一个著名的出版家特意打电话劝我。她说,她愿意陪同我一起去,并帮我主持朗读会。她说,一个作家应该理直气壮地朗读自己的作品,向别人宣传自己的思想。她还说,朗读是文学的一种传播方式。荷马史诗,就是口口相传朗读出来的;而当年卢梭、伏尔泰的传世名作写完以后,也都是首先在沙龙上朗读的。

听她抬出了荷马、卢梭和伏尔泰,我心里很惭愧,所以就乖乖地跟着她去了生日酒会。朗读的效果出乎意外地好,那些基金会、慈善会的负责人和银行家们都听得十分认真,提出的问题也非常专业。据说后来还买了很多我的书。

有一次朗读会是在汉堡市图书馆举行的。当汉堡市图书馆跟我联系的时候，我就申明我不收任何报酬。我的理由是：多年来我一直在图书馆借书，受益良多，希望以此作为回报。其实，我还有一个更重要的说不出口的理由：如果我不收报酬，那他们就不会收门票。如果不收门票，那我可以通知众多的亲友团前来助威，把场子坐得满满的。

活动开始前一个月，朗读会的广告贴出来了，竟然还是要收门票。据说这是德国的规矩，不能破。这样一来，我就不好意思去邀请亲友团了，总不能让人家花了时间，还要花钱买门票。朗读会的日期一天天逼近，坏消息不断传来。就在我朗读的那个晚上，同时有6位德国作家在汉堡举行朗读会，其中有一位还是德国前电视新闻主持人。与此同时，汉堡还有一个中国画展和一个中国摄像展举行开幕仪式。

到了那一天，我提前一小时到图书馆。主持活动的女士就用一种很同情的语气跟我说，今天也许来的读者不会很多，因为同时有很多地方在举行朗读会。我说，反正豁出去了，来一个人我也读。

然后，我在休息室里喝水，玩手机。时间快到的时候，主持活动的女士喜气洋洋地走进来，吻了我一下，说，太好了，来了很多人。

她说的很多人，也就是四五十个人。她以为我很失望，马上说，我不能跟中国比，赫塔·穆勒在获诺贝尔奖以前开朗读会时，参加的读者也不过就是五六十个。

其实我一点也不失望。在中国，如果我朗读自己的作品，还卖跟电影票一样贵的门票，我面对的恐怕就真的是空无一人的观众席了。

德国的大学考试

汉堡有个很有名的理工大学,这个大学有一门公共选修课——法律。自愿选修法律课的学生多得不可思议。碰到考试的时候,巨大的阶梯教室更是挤得不可开交,甚至有的学生要坐在地板上答考卷。这样的学习积极性,会让不知内情的人感慨万分。其实,这当中另有奥秘。

原来,这门课的试卷好多年来用的都是同一份。也就是说,每个学生在考试以前,弄份去年的考卷做一下,只要智商不是太低,就能考及格。这已经是大学里公开的秘密:法律课人多,教授傻,及格率百分之百。

有一天,我遇到这个大学的一个退了休的教授,我就把这个公开的秘密告诉了他。我倒不觉得那教授傻,我觉得他懒得不可救药,连一年出一份考卷这样的事情也不愿意做。

退休教授仔细地听着,然后呵呵笑起来。他说:"我看这教授一不傻二不懒,他这是太聪明了!你想一想,大学为什么要给普通的学生开法律课?那是希望他们对法律有个大致的了解。可是谁都知道法律最枯燥无聊,学理科的学生都鬼精,头脑正常的人都不可能自愿去选这门课。就冲着这一成不变的考卷,他们就选修了法律。选修了,总得去听课。在考试以前,总得把考卷看一下。如果这考卷出得内容丰富全面,那在准备考试的过程中,学生就了解了一些法律的基本知识,这不就达到了学习的目的?既然达到了学习目的,当然就可以及格。"

可以相信,这张考卷还将不断地使用下去。学生一边考试一边偷着乐,而教授一边看考卷一边也偷着乐。这么双赢的事情,真是其乐融融。

即使考完试以后不及格,如果分数相差不多,也还存在一线希望。这个大学专门设有一个办公室,让学生去查考卷。查考卷的过程就是,老师和考生齐心协力再努力一把,看看能不能让没有及格的学生找到一个及格的机会。我亲戚的孩子在这个大学读书,去年考试有一门不及格,差了一分半。他起了个大早去查考卷的办公室,办公室已是人头攒动。排在他前面的是一个留着朋克发型的学生,老师看一眼这个学生的分数,说:"差5分太多了。我肯定找不回来那么多,你还是下次补考吧。"这个差5分的朋克就被打发走了。轮到一脸忠厚样子的他,老师说:"差一分半?你的运气也太背了。差半分问题不大,差一分半我就没把握了。我们一起来试试看吧!"结果他们两个在他的考卷上,这里找出一点,那里找出一点,终于凑及格了。老师和学生开开心心地握手告别。

其实考试只是鼓励学习的一种手段。如果为了考试,让学生失去了学习的兴趣,那这样的考试也就失去了意义。

德国总统和邮票

德国的总统当然是管大事的，但抽空也会管点小事。鸡毛蒜皮的小事情，有时也会惹出麻烦来。

多年以前，德国前总统科勒参与了一项新邮票的设计活动。新邮票不是一般的邮票，而是与慈善事业有关的邮票。也就是说，人们每买一张这样的邮票，就要付出比票面实际价值高许多的钱。这高出的部分积累起来，将用来资助世界上无家可归的儿童。

这样的善举是应该得到好报的，但国家不可能每天把每个买邮票的人的名字都公布在报纸上。所以，科勒总统和邮票设计师想出一个办法，来奖励献爱心的人们：把这种邮票涂胶水的那一面做了小小的加工，当献爱心的人往信封上贴邮票，用舌头舔湿胶面时，会闻到一股淡淡的果香——这就算是对善举的小小报答。

献爱心的人果香还没闻到，总统却接到了一大堆抗议的邮件。环保组织写信说，这样的邮票多了一道化学添加剂，对自然环境产生间接的污染。医学组织写信说，这样的果味有可能成为过敏源，诱发过敏体质的人犯病。还有人认为，发行这样的邮票目的在于筹款，多加一道化学程序会增加成本。尽管是微不足道的增加，但积少成多的道理大家都应该明白。

好在西方的政治家都是在骂声中成长起来的。这样的批评虽然让总统有点始料不及，但基本上还是属于小菜一碟。科勒请有关研究机构对邮票胶面的淡淡果香进行了全面的研究和分析，证明这样的味道不会诱发过敏体性疾病，对人体和自然都无害。

总统办公室于是写信回复各种组织：经鉴定，这种邮票对自然和人体都无害。但你们的来信提醒了我们今后对过敏体质的人群应该给予关注和重视。

最终的结果是：总统形象加一分。

我怎么觉得那些写信的机构都是总统的"托儿"呢？既为总统形象加了分，又为慈善邮票做了广告。

感动德国的另类爱情

几年前，德国的媒体一直津津乐道地追踪报道一个爱情故事。

有只母天鹅叫佩特拉，生活在德国一个叫明斯特的小城的湖里。它在2006年的5月爱上了一只白天鹅造型的游船，从此以后就跟这只白天鹅船形影不离。这个爱情故事被各大报纸杂志和电视台作为热点新闻加以报道，以至于美国、日本的电视台专程派人飞来德国，拍摄这对不同寻常的天鹅不同寻常的爱情故事。天鹅佩特拉被德国媒体称为世界上最著名的天鹅。

冬天的时候，城市公园的管理人员要把散养在湖里的天鹅集中起来，圈养在避风向阳的湖边，让天鹅们安全过冬。于是电视新闻在报道了伊拉克和伊朗的紧张局势以后，就出现了明斯特的管理人员小心翼翼地把那只白天鹅船和天鹅佩特拉一起护送到天鹅过冬地方的镜头。据报道，管理人员还专门为这对天鹅恋人在河塘边搭了个棚子。白天鹅船拖到这里以后被一丝不苟地拴紧在岸边的木桩上。至于天鹅佩特拉和白天鹅船在这个棚子里能上演怎样惊天动地的爱情，媒体从不作出任何评价。

2007年12月5日，管理人员按去年的常规，把这对天鹅恋人护送到了它们过冬的老地方。当晚的电视新闻在播过寒流袭击美国和原油涨价的新闻以后，极其详细地播出了这对天鹅恋人入驻小窝的仪式。佩特拉坚守着那份没有回报的爱情，竟然如此地执着，实在让人类感动不已。

天有不测风云。一个星期以后，佩特拉的身边出现了一只真正的白天鹅。这只美丽年轻的白天鹅大摇大摆地飞进人家的小窝里，和佩特拉同吃同住同游玩，那只明媒正娶的白天鹅船倒被冷落在一边，呆头呆脑地成了个"第三者"。

说举国震惊当然有点夸大的意思，但是，各大报刊和电视台立刻争先恐后地报道了佩特拉情变的消息。

《世界报》感叹，佩特拉喜新厌旧，已经不想再多看白天鹅船一眼。

鸟类保护组织的发言人表示，鸟类跟人类是一样的，一边吃着盘子里的，一边还要看着盘子外面的。

据在湖边跑步的人和白天鹅船的主人事后共同回忆，佩特拉其实"红杏出墙"已经有些时日，自从它到了湖边的棚子里以后，经常神秘地离开白天鹅船好几个小时。现在可以基本推断，它是跟"情人"约会去了。

明斯特动物园的负责人在电视采访中说，经过他这些天的仔细观察，佩特拉和新情人过得非常快乐，感情基础非常稳固。他为它们高兴，也为它们祝福。但是，他很认真地淡淡地悲哀地说，他还真有点为那只白天鹅船难过。

很明显，下一则新闻就应该是佩特拉和那个新情人孵出了一堆小天鹅。要是来个好莱坞式的快乐结局，还应该让那些小天鹅们每天围着白天鹅船游来游去。

我想，其实人们已经对充斥媒体的战争、屠杀和谋杀等新闻疲倦了，渴望着有一点温柔新鲜的感受。

柏林钉子户

柏林的彭高区以前是一个贫民区，在柏林的东部，是那种东德时代留下来的住宅楼。70多岁的勃莱登女士住在其中的一个公寓里。她在这个公寓里出生，长大，老去。她虽然是个租户，但按照德国的租房法，当一个租户连续租住了五年以上，并且按时交付房租，房主就没有权利让她搬出去，租金也不能随便涨。什么区域、什么年代造的房子，都有租金限价。超过这个限价，租户可以拒绝支付。

这些年来，彭高区慢慢地成了艺术家们的集散地。有个房地产商觉得有利可图，就把勃莱登女士住的那一栋楼买下来，计划把它装修成高级公寓。按说，这也没勃莱登女士什么事。因为德国租房法规定，房子买卖是房主的事，不影响租户继续居住。

为了整体装修，房主去跟勃莱登女士商量，给她一笔钱，请她搬到一个临时公寓去。等房子装修结束，只要她愿意，还可以搬回来。勃莱登女士拒绝这个提议，因为她明白，装修以后就是豪华公寓了，她付不起那个房租。最后，其他租户都搬走了，只有她住在里面不动。

有一天，当她外出回家，突然发现，她的厨房和洗手间的窗户已经被水泥板严严实实地封死了。她的律师去找房主，房主出示图纸，解释这不是故意为难，按有关部门批准的装修方案，这两个窗就是应该封死的。律师指出，厨房和洗手间不能没有通风设备。于是，房主为勃莱登女士的厨房和洗手间装了排风器，排风管道穿过她的睡房，通向外面。可是，勃莱登女士还是不满意，把房主告上了法庭。

这件事引起了社会的广泛关注和争议。有很大一部分人认为，几十年来，德国的租房法整个就是偏向穷人，凡是租户和房主打官司，大部分官司都以房主败诉而告终。这样的政策，很不利于吸引投资者，更何况东德时代留下的房子千疮百孔，装修和翻新已经刻不容缓。如果租户都像勃莱登女士那样，那柏林的房地产就永远也上不去。

也有人认为，不管房主有多少条理由，把人家的厨房和洗手间的窗户封死，就是不人道，不讲情理。

更有人认为，在这样的僵局下，最应该负起责任的是政府。政府应该制定政策，为低收入人群量身打造低廉住房。

勃莱登女士每天坚定不移地使用着没有窗户的厨房和洗手间，成了名副其实的钉子户。这场官司缓慢而艰难地进行，一边是腰缠万贯的富人，一边是每个月区区几百欧元养老金的老太太。德国法律的天平偏向哪一边，大家拭目以待。

在当今社会，人们早已习惯把住房看成是一种商品，一种投资渠道，一种保值定心丸。其实，住房远不是一种纯粹的商品。一个人生活在世界上，要有一个遮风避雨的场所，有一张能够安睡的床，这是与生俱来的一种权利，就像人要吃饭，要喝水一样，天经地义。当这种基本生存权利得不到保障的时候，就需要政府出面。这是政府存在的真正意义。

邓布利多吃饭的桌子

多年以前,当果同学和小朋友们趴在沙坑里玩游戏的时候,我就向他灌输上大学就要上剑桥、牛津的观念。多年以后果同学当真被牛津录取了,可是,他偏偏去了伦敦政经学院。这让我非常失望,有好几个月,我都懒得搭理他,看见他上网,我就赶紧隐身。

慢慢地,果同学终于明白,不是他妈妈希望他上牛津,实在是他妈妈自己想上牛津,只是过了这个村,就没这个店了。于是,果同学决定让我圆这个梦,他帮我在牛津大学基督学院的暑期班报了名,并且用自己的钱帮我交了学费、住宿费和饭费。

基督学院的暑期班一向比较热门,因为它悠久的历史和因电影《哈里·波特》而闻名的餐厅。它的课程也比较吸引人,有英国文学,还有英国音乐欣赏等。我选了路易斯·卡洛尔研究,因为他当年就在基督学院写出了《爱丽丝漫游奇境记》。我想,这个地方应该还有点他的灵气吧。

到了6月初,邮箱里收到一份入学须知。洋洋洒洒几十页,事无巨细,凡是我想到的和没有想到的问题,都解释得一清二楚。其中甚至有一章,对服装提出了要求:要求每个学生携带上课穿的日常衣服;然后是半正式服装,也就是相当于鸡尾酒会的服装;然后是正装,并且强调不是晚礼服。每个学生都有机会被邀请到高桌上和教授们一起吃一次晚餐。这个高桌顾名思义就相当于主席台,也就是相当于在邓布利多校长的饭桌上吃饭。就为这顿饭,要求每个人专门带一套不是晚礼服的正装。

实话说，我真爱死了英国人这种范儿。明明就是在学生宿舍住个十来天，听几个讲座，在那个著名的餐厅吃吃饭，然后在校园里散步、照相这点事情。我本来就计划带几件不同风格的白衬衣，配短花裙，走清纯路线，再加一件透明一点的黑衬衣，对付晚上的活动。现在让他们这么一规定，不重视都不行了。

我去找我的爱丽丝咨询。她一听我要在高桌上吃一顿晚餐就十分惊喜。她说："一定是人家听说你是儿童文学作家，给你这样的待遇了吧？"我说："这机会人人都有。在路易斯·卡洛尔的地盘上，我哪敢说自己是儿童文学作家呢？再说，我其实根本就没有坐高桌的资格。"爱丽丝认真地说："你怎么没有呢？你想，你的孩子不但能进名牌大学念书，还能想到要为你圆个牛津梦，并且年纪轻轻就有能力为你买单。高桌上有多少当父母的能达到你这样的成就呢？"

谁说不是呢，所以回家时，我一路趾高气扬。

牛津的牛

说到英国菜，人们常说，所有的动物在英国人手下被剥夺了两次生命：第一次是被宰割，第二次是被烹调。到牛津的第一天，我在泰晤士河边的一家饭店点了一个色拉。我想，蔬菜这样的东西，应该不会出什么大差错。可是色拉一端上来，我就知道，这盘东西真的被剥夺了两次生命。不仅是作为植物没有了生命，作为食物也已经失去了生命。浅绿深绿的菜叶上，浇上了一层厚厚的奇怪的汁。我用叉子拨出几片没有浇到汁的叶子吃了几口，就招手请服务员过来。

服务员是个很年轻的女孩。我让她给我再来一份炸薯条，我说的是欧洲麦当劳里都用的那个词。女孩子摇头说，她不知道那是什么。我解释说，那是麦当劳常见的食品。女孩子还是摇头。

我心里顿时凉了半截，倒不是担心吃不饱肚子，而是因为我是去牛津上暑期大学的，一个人连炸薯条都不会点，还到牛津混什么呢？明天就打包走人算了。我很冷静地对她说："现在我说的话非常重要，请你认真听，听不懂马上问。"女孩子在我对面坐了下来。我用手比画着说："土豆，这个你能听懂不？"她点头。我又说："把土豆切成一条一条。"她点头。我接着说："把它们放在滚烫的油里炸。"她又点头。我说："我现在就要吃这个东西。"她恍然大悟："你说的是 Chips。我们英国有一道菜叫 Fish and Chips（鱼和薯条）。这个你一定知道。"

鱼和薯条是英国菜里最著名，也是最能被外国人接受的菜。我怎么就没想到这个菜呢？我觉得有点丢人，赶紧说："这个菜我当然知道。但我刚才说的那个,你也应该知道的,全世界都这么叫。"

女孩子很肯定地说:"我们英国从不这么叫。再说,我们的 Fish and Chips 这个菜已经有很长的历史了,肯定长过麦当劳。"英国人对自己国家的历史非常自豪,所以在奥运会开幕式上,不管外国人懂不懂,生生地把英国史给大家演了一遍。

我有点不服气,说:"那么,在牛津的麦当劳,这个东西叫什么呢?"女孩子很自豪地说:"我们从不去麦当劳,去那里的都是来旅游的小孩子。"

我很惭愧地说:"那就请来一份 Chips 吧!"

在牛津,连个端盘子的也这么牛。

学子的朝圣地

到牛津的第一个晚上，我住在离基督学院很近的一个家庭式旅馆里。第二天下楼吃早饭，早餐桌上已经坐了几个人。其中有两个家庭，爸爸妈妈各自带着一个大约十四五岁的儿子。女主人把他们介绍给我，说这两个家庭一个来自荷兰，一个来自伦敦东部。他们已经连续三年在暑假里带着孩子来牛津，为的是让孩子感受牛津的气氛。我解读一下，就是励志的意思。两家的爸爸妈妈都说，从明年开始，他们就让孩子单独来牛津，每年都来，直到孩子成为牛津的学生。我和女主人一起斩钉截铁地说："这么smart（聪慧）的男孩子，牛津大学不收他们，还收谁呢？"

谁说只有亚洲出虎妈，欧洲也有虎妈的，只是人家比较低调而已。早饭后跟女主人道了别，拖着一个手提行李箱前往基督学院。基督学院在牛津的市中心，占地广阔。如果旅游者到牛津来只参观一个学院，那肯定是基督学院。据说，当年《哈利·波特》选外景的时候，因为基督学院名声太大，人家怕门槛高，特地去选了另一个学院的餐厅。可那个学院放着送上门的香馍馍不要，不同意人家拍摄。而基督学院说，反正我们这里天天人来人往，多一个摄制组也没什么了不起。所以最后摄制组就去基督学院的餐厅吃饭了。基督学院因此更加声名大震，现在连参观的门票都比别的学院贵很多。一般的学院收两三英镑的门票，而基督学院收8英镑。

我拖着箱子走到基督学院的正门，一大堆旅游者正挤在门口对着里面拍照。牛津的旅游者大部分是来自世界各地的年轻人。有的由老师带领，有的由父母陪伴，还有的自己结队。他们在牛津的街道上行走，在地图上念着各个学院的名字。对于他们，牛津就像一个圣地，就是上不了学，也要朝拜一下。

基督学院的正门不允许参观者进出，所以黑制服的守门人很尽职地把人们挡在门口。我拖着箱子从人群里一往无前地挤过去。还没走到门口，守门人就把别人挡到一边，笑眯眯地对我说："欢迎你，进门向左，亲爱的。"

我在羡慕嫉妒恨的目光中走进了大门，走进了我的朝圣地。虽然晚了几十年，但我感觉还是很美好。

在牛津的高桌就餐

在牛津基督学院暑假大学的所有活动中,我最关注的是吃饭问题。我不是吃货,我是冲着学院的餐厅去的。令我高兴的是,我们的一日三餐都在那个雄伟壮观的大餐厅里吃。欧洲人最大的特点是,他们把古老的建筑不当一回事,几百年以前用来干什么,现在还是用来干什么。只是现在多了一项功能,过了用餐时间,就开放了让公众参观,并且注明:欢迎照相。

我们的菜谱从第一顿到最后一顿都已经公布。我们的早餐、午餐是自助。所谓的自助也不是随便你拿取,而是有服务生在那里,你告诉他你想要什么,要多少,由他帮你装进盘子里。晚餐是正餐。按基督学院的传统,餐前要用拉丁语祈祷。拉丁语的祈祷词也在文件袋里,并且附有英语翻译。我仔细地读了一遍祈祷词,十分复杂,我决定放弃背诵它。再说,我的饭费是我儿子帮我付的,我去感谢上帝,好像有点舍近求远了。

发给我的文件袋里有一张高桌邀请信,上面邀请我在开学第一天的正餐时上高桌吃饭。这一点让我有点纠结,因为我连参考学习别人的机会都没有了。好在我也没有多少选择,就带了一身正装,错对都是它了。

基督学院创建于公元 1525 年,是牛津最大的学院,它的餐厅也是牛津所有学院中最大的。在牛津期间我参观了很多学院,重点考察了餐厅,发现几乎所有的学院都有一个类似的大餐厅,但是,都没有基督学院那么规模巨大和华丽。

牛津学院的高桌是教授和学院重要客人吃饭的地方,有很多规矩。比如说,在高桌客人没有到齐以前,是不能开始就餐的。就餐结束以后,所有就餐者必须起立,目送高桌客人离开。我的邀请信上专门有一句:请提前十五分钟到达餐厅,以便我们有从容的时间喝一杯开胃酒。其实,这就是提醒高桌客人不要迟到,英国人喜欢把话说得很婉转。

难得一次高桌吃饭,谁又舍得迟到呢?我提前二十分钟走进餐厅,已经有很多当天的高桌客人在那里喝开胃酒。喝到时间差不多的时候,我们被请上高桌,找到桌子上的座位卡。我的座位面对大厅,我们班的教授坐在我对面。大家站在自己的椅子后面,扶着椅背等待着。

下面桌子的人也很快到齐了,这个世界上很少有人在吃饭的时候迟到的。然后,有人用木槌响亮地敲了两下竹筒。暑期班的负责人拿过麦克风,开了个头,所有的人都跟着用拉丁文祈祷起来。我把嘴唇动得飞快,到最后很响亮地说:"阿门!"然后开始吃饭。高桌上的红酒白酒随便喝,下面桌子的每人只有一杯酒。高桌低桌的人都很热烈地跟邻座交谈。等吃得差不多的时候,又有人重重地敲两下木槌,晚餐就此结束。

按学院的规矩,就餐者应该全体起立,等高桌的客人退场以后才解散,可是我们一次也没那么做过。也许大家都觉得,稍微配合着演演戏还是可以的,太较真了,就可笑了。说白了,每人都能轮到一次高桌,摆什么谱呢?

牛津的噩梦

那天我拖着一个手提行李箱去往牛津的基督学院。进了基督学院的正门就是著名的汤姆方庭，那里左边放着一张桌子，坐着或站着几个年轻人。因为天气好，他们直接在露天办公。我走过去说："我来报到，要给你们看什么资料？"一个金发女孩笑眯眯地说："什么也不用看，报名字吧！"

我把名字报过去，她手脚麻利地从一摞透明的文件袋里找出写着我名字的那一个递了给我，说一切都在里面，如果我读完以后还有问题，就再去找她！

她身边的小伙子是行李员。在事先收到的入学须知上，足足用半页纸说明了行李员的问题：在报到那天的十一点到下午两点之间，有我们的行李员协助搬运行李。在这之前和之后，请自己搬运。精彩的在后面：按欧共体规定，让一个成年人搬运超过25公斤的东西，属于人身伤害。更精彩的是：请注意，我们的行李员只是协助你。也就是说，当他们为你搬运行李的时候，你不应该背着手在旁边趾高气扬地走。

不愧是名校学生，小伙子一路上很热情地跟我聊天，一会儿就到了我住的楼。

我被分配在二楼，是个套间。里面有两个房间，睡房里有一个洗脸池，书房里居然还放了架钢琴。他特别提醒我，房门是自动关闭的，所以一定要记住随身带钥匙。他前脚刚走，我立刻就发现了一个问题：房间里没有洗手间。

我往上爬了两层，才找到一个洗手间，但是没有洗澡间。再往下走，一直走到地下室，我接连推开几个门，才找到了洗手间和淋浴间，还没有男女标记。而且，在这个过程中，除了我自己，人影都没见着一个。

我站在那里，不由得悲从中来。使用公共洗手间，我是有思想准备的，但我一直想象成在同一楼层。不是立体的就算了，还是男女共用的。想象一下，我半夜起来，下两层楼到地下室，推开两道门，走进洗手间以前，先跟一个男生打个招呼。

我再仔细打量我的房间！窗子是单层玻璃；华丽的壁炉里放了一个电暖器；书房没有无线网信号，睡房里勉强有一格。我很悲催地走出古老的宿舍楼。阳光下，参观的人们来来往往，合影留念。我坐在古老的石阶上，一边翻看着那叠说明，一边想象着我半夜三更走到地下室，回来一看钥匙还锁在房间里。于是我穿着睡衣，披头散发地穿过被诗人文人讴歌礼赞的汤姆方庭，去向门卫求救……

看来，传统和现代，一个人是不能同时拥有的。

牛津的第一次作业

果同学帮我在基督学院暑期班报的课程是：爱丽丝漫游奇境研究。路易斯·卡洛尔就是在基督学院当数学讲师期间写出了这本书。因为家事，我事先一点准备也没有，连教授开的必读书也没读完。我以为问题不大，反正带耳朵去听就是了。

谁知刚上了几天课，教授就给了我们很多题目，让我们两个人为小组，选择一个题目，作七分钟的演讲。我实在是有点气愤，我们花了钱是来听课的，他这么做，很有点偷懒的嫌疑。

我的邻座凯蒂来自加拿大，教授话音刚落，她就说跟我合作，并且说，这次作业主要靠我了，她对这本书和作者一点兴趣都没有。她说是冲着牛津的生活经历来的，我说我也是，家里有事，连布置的书也没读完，这次还是要靠她了。

我们两个还没推让完，别人已经把简单的或者是有趣的题目都抢完了，只剩下一个题目，里面的一个单词我根本就没见过。我一生气，拿出 iPad 把题目打进谷歌，维基出来一大段文字。读完以后我心情舒畅，对凯蒂说："这段话讲得很明白，到时候我念上半部分，你念下半部分，我们就成功了。"

凯蒂对我惊叹不已，说我果然聪明！想了想她又说："到讲台上拿着 iPad 读维基，有点说不过去。"我说："那我们抄到纸上就是了。"于是我们拿出学校发的纸和笔，高高兴兴地抄起来。

这时候教授过来了。因为我们的桌子比较矮，他又比较胖，所以他就跪下来看我们写。我心里想,在中国电视剧里碰到这种情况,皇帝会慢吞吞地说一声"平身"。但我们不在中国,我也不是皇帝,所以就让他继续跪着。

他看我们抄了一会儿,笑眯眯地说:"我很支持利用因特网搞研究的。"

我和凯蒂说:"对,我们跟你观点一致。"

他继续笑眯眯地说:"维基上的这一条,是我写上去的。"

我和凯蒂大笑起来。笑完以后,我严肃地说:"这样一来,我们抄得更有信心了。"

到演讲的时候,我和凯蒂口齿清晰地各自读了一段,就把规定的七分钟干掉了。走下讲台的时候,教授夸奖说:"Good Job!"(干得不错)我心想,这是夸你自己呢。

女人的爱憎

在普罗旺斯的一天晚上，我一走进酒店的餐厅，就看见迎面过来的服务生穿着西装戴着领结，又看见壁炉里燃烧的松木和餐桌上闪烁的烛光。而我是一身旅游的行头，牛仔、套头衫和轻便的散步鞋。我在门口停下来，琢磨着要不要回房间换衣服，但一想起要穿过一片大花园，心里就犹豫起来。再看看里面已经坐着的几桌人，那些女人跟我差不多，或是牛仔，或是运动鞋。于是我理直气壮地走进去，坐了下来。

当晚掌厨的是一个法国的明星厨师，这样的厨师不是谁来了就给谁做菜的。他们把做菜当成歌星出场，要等当晚订桌的客人们全部到齐以后才开始。而菜单就像节目单，除了主餐有肉、鱼和素食的选择外，基本上是统一的。中间还标明有一次休息。大家喝着开胃酒，等了很久，才等到最后一拨客人进来。这是一家子，爸爸妈妈带着一个七八岁的女儿。年轻的妈妈是有备而来，穿着一条黑色的连衣裙，化着妆，戴着首饰，是当晚唯一穿对服装的女人。

可以想象我们这些穿着运动行头的女人们是多么得羡慕嫉妒恨。我们当然不会责怪自己考虑不周，而是把我们这么多人的等待，怪罪到这个优雅地走进来的女人身上。一定是她在镜子前各种搔首弄姿，才让我们饿着肚子等这么久。有的女人更加大声地说笑起来，假装根本没看见他们进来。还有的女人转过头，根本不朝那个家庭看一眼。空气里弥漫着女人们的敌意。

等他们落座以后，明星厨师才开始出招。一道道菜就像一个个节目一样，接连不断地闪亮登场。几道前餐以后，年轻妈妈带着女儿离开了。一直到过了休息时间，她才独身返回，和丈夫一起享受两个人的晚餐。

正餐以后是不同的甜点。在甜点刚上来时，整个酒店突然警报声大作，大家一片惊慌。那位年轻的妈妈迅速跳起来，飞快地离开了。领班很快过来解释，说隔壁沙龙里的壁炉倒烟了，惊动了烟雾报警器。作为道歉，他请每个客人喝一杯香槟。

喝香槟的时候，年轻的妈妈再次回来了。她依然优雅地走进来。可这一次，她收获了所有女人温柔赞美的笑脸。因为只有女人们才会知道，她刚才匆忙出去，是返回房间，去看刚刚入睡的女儿是否因为警报声受惊。大家微笑地目送她回到餐桌，等着她拿起那杯香槟，这才共同举起了酒杯。

女人之间爱和憎的转换，有时候只需要一个小小的理由。

普罗旺斯小餐馆

母狼餐馆位于普罗旺斯山区的一个小村里，这个村子一共才一百多口人。因为彼得·梅耶尔在他名扬天下的普罗旺斯散文集里写到了这家小餐馆，它从此就吃客盈门。经常有很多世界各地的旅游者，抱着各种版本的彼得·梅耶尔的书，按图索骥找过去，坐下来，点一道彼得·梅耶尔书里提到的菜。

这个店的营业时间很霸气：中午十二点到一点半，晚上八点至九点半。一周开四天，还不如机关食堂敬业。那天我们赶着点去吃午餐，白发苍苍的老板迎上来，先问我们怎么找到那里的。听先生说，他年轻时就经常来度假，当年母狼餐馆开张的那天他就来吃过。老板说了很多暖心的话，把我们领到靠窗的桌子上坐下来。他只递过来一个酒水单，解释说，午餐只有一个四道菜的套餐，唯一可供选择的是酒水。

这听起来有点霸道，不过，冲着餐馆的名气，我们当然接受了。正吃着，进来三个年轻人，一男两女。老板一边迎接他们，一边问他们同样的问题。男的说，他从小就跟着父母到这里度假，这次是第一次自己来。其他两位是他的同学。老板马上把餐牌递过去，笑眯眯地说他们不必吃套餐，可以单独点前餐或者正餐。三个年轻人坐下来，毫不客气地只点了前餐。老板送过去的是一瓶没有任何标签的水，那是水管里的水，可饮用，是免费的。三个年轻人不停地吃着，盘子刚吃空，老板就立刻给他们增补。他们说说笑笑，吃了源源不尽的前餐和一大堆免费的面包，喝了两瓶免费水，快乐地离开了。

坐在一边的成年人，乖乖地吃着指定的霸王套餐，喝着依云矿泉水和老板推荐的当地红酒，竟然一个个心平气和，还赞许地对着老板微笑。

这是欧洲文化的人性之处。老板知道应该赚谁的钱，不应该赚谁的钱。而那些暂时没有消费能力的年轻人，会永远记住这家餐馆的温馨和体贴。也许有一天，他们会来加倍地回报。

奢侈生活

金卡是个德国小有名气的女诗人，中年，独身，养一条年迈且病怏怏的狗，没有汽车。她用的手机是一个早就被淘汰了的诺基亚，当她拿出手机拨号码的时候，我会为她脸红，经常劝她换一部手机。她说，这手机好好的没坏，用来接打电话足够了。渐渐地，我发现，她其实根本就不想用手机，经常把手机丢在某个角落里，要通过拨手机循着铃声去找。到了手机电池耗尽自动关机时，经常是她的狗帮她从某个角落里把手机找出来，叼到她面前。

她是真正意义上的作家，靠稿费生活。平均两年出一本诗集，印数几千。因为诗集不是畅销书，出版社给她的版税比较高。其实帮她算算，写诗的收入也有限。她的另外一个经济来源是出去朗读她的诗作，平均每个月一两次。这样的朗读是卖门票的，书店也跟进在现场设摊，她当众为买书的读者签名。在德国，即使作家朗读自己的作品，为自己做广告，也是有报酬的。这是对作家的尊重。如果门票收入太少，书店会补贴一部分。还有的干脆由某个文化基金会出面组织，朗读的报酬就由基金会支付了。有了这样的报酬，她一个月的饭费是足够的了。她也经常出去旅行，西班牙，意大利，希腊等，提早订便宜的机票，住在文友、朋友的家里。

每次我们见面，我都给她带一些中国的小礼品。有一次，我带去一条南京云锦围巾。她打开的时候，夕阳照射在上面，华丽丽、金灿灿的。她抚摸着赞叹着，然后说，如果我不介意，她想把它做成一个小小的垫枕。她停顿了一下，自言自语地说，其实，这么华丽奢侈的丝绸，是她的生活中不需要的。

说这话时，她穿一条麻质的长裙，披一条和长裙的颜色相呼应的手工编织的围巾，黑色的平跟鞋配上黑色的套头毛衣，看起来简约而雅致。那片展开的云锦在她的膝上显得那么奢华、不协调。我有点不好意思，顺便把自己铮亮的靴子小心翼翼地藏到裙子下面。

这当然躲不过她的眼睛，她笑了笑。我真心对她说，有时候，我真的很羡慕她的生活。她说，其实我们只是选择了不同的生活方式。她这样生活，有一个最大的好处，就是不会因为金钱去做自己不喜欢做的事，说自己不喜欢说的话。对她来说，这就是最大的奢侈了。

确实，在追求奢侈的时候，也许，我们与真正的奢侈已经擦肩而过了。

修修补补的人生

有一天，我很尊敬的一位夫人给我打电话，说她家的一块棉麻桌布被蜡烛烧了个小孔，请我在网上找找有没有专业修补棉麻织品的地方。我想，这样的行当，现在恐怕已经很难找到了。我们这个时代，大家早已习惯跟着潮流与时俱进。家里的这一类日常用品，往往不等用旧，就已经扔了，或者处理了，哪有破损了还修补的事？她好像通过电话线把我心里的念头全听到了，立刻解释说，这桌布不是一般的东西，是她妈妈送给她的陪嫁，只有特殊的节日才拿出来使用，请我一定尽心找一下。需要补充说明的是，这位夫人已经70多岁了，至于她的陪嫁，那就应该是古董了。难得她还这么依依不舍，我在网上搜了一下，德国境内没有找到，看上去最靠谱的一个地址在维也纳，我连忙记下了电话号码。

过了几天，这位夫人又打电话过来，问我有没有结果，我就把维也纳那家店的电话号码告诉了她。她认真地记下，认真地谢了我。我问她是不是准备把桌布寄到维也纳去修补？她毫不犹豫地说，她先打电话说明情况和要求，如果他们能胜任，她当然马上就寄过去。

又过了好多天，这位夫人举行家宴。桌上铺着她的陪嫁，一块8米长的浅黄色的棉麻桌布，上面用同色的丝线绣了一朵花，那朵花很张扬，很霸气，很难让人想象到它跟补丁之间有什么联系。最妙的是，在跟桌布相配的餐巾上，有一角也绣着一朵同样的花，只是小了许多。桌布是浆洗过的，看上去挺括厚实。浅黄色的桌布上装饰着同样浅黄色的鲜花，伴着闪烁的烛光，看上去温馨而亲切。她坐在女主人席位上，远远地向我意味深长地举了举酒杯。我明白，她是为那个电话号码向我致谢。

桌布修补自然成了餐桌上一个小小的话题。女主人说，维也纳那家店是一家百年老店，曾经是皇室御用的裁缝店。桌布和餐巾上增添的那朵花，也不是一般的花，是她母亲生前最爱的百合花。因此，这次的修补就增添了向她母亲致敬的意义。至于修补的费用嘛，没有人询问，因为主人家不差钱。当然有一点不容怀疑，用这笔费用去添置好几套同样质地的桌布和餐巾是不成问题的。女主人说，也许年轻一代会觉得这么做很不可思议。但她感慨地说，这其实就是他们这一代人的生活态度，只要还能修补，还有价值，就尽力去争取，决不轻易舍弃。物尤如此，人与人之间的关系也是如此。假如不坚守这种生活态度的话，那么，这个世界上的大部分婚姻和家庭，都是走不到尽头的。

有一种幸福叫给予

周末收到一个朋友的生日请柬，她的生日晚会将在一艘豪华游艇上举行。朋友功成名就，60岁的生日，这样铺张实在是应该的。除了一般的着装要求和注意事项以外，她在请柬最后加了一句：谢绝礼物，谢绝鲜花。如果你们一定要准备送礼，请为缅甸的一个学校捐款，以便让那里贫困家庭的女孩子可以获得接受教育的机会。她列出一个账号，并说明她资助这个项目已经五年了。

还有一个朋友，是当地文学院的名誉主席。文学院是一个民间机构，靠作家的会费和热心人的捐助运作。就连富丽堂皇的文学院的场馆，也是出自某个名人无偿的捐助。朋友选择在文学院庆生，邀请了四百多个朋友在文学院辉煌壮观的大厅里享受大餐，欣赏音乐和朗诵。她也在请柬上注明：谢绝礼物和鲜花。如果愿意，请为文学院捐款，数目随意。她强调说，作家们不但需要掌声，也需要面包。那个生日宴会，不但筹集到一笔捐款，还有人向文学院赠送了一架钢琴。

在德国，这种私人的捐款方式已经比较常见。以前多是在葬礼上，现在已经扩展到庆生和喜宴上。只要是合法注册的机构，都可以接受捐款，并且可以为捐款者提供相应的捐款证明。这样的证明，是得到国家税务机构认可的。

我还接触了一种感人的民间捐款。有一年，一个德国的旅行团，在西藏旅行途中遭遇风暴，被困在一个小村庄里。那个村的村民们把这些人分别邀请到自己家里，拿出自己家最好的食物款待这群素不相识的人，临别时不接受一分钱的报酬。这群人回国以后，就成立了一个慈善团体，专门资助这个西藏的小村子。他们每年委派两个人，把募捐到的钱送到那个村里，并亲手把钱分到每个村民的手中。这两个人的机票和旅费都是自己负担的。他们很自豪地把那个村子说成我们的小村，而那里的村民把他们说成家里来的人。这件事，他们已经坚持做了十一年。

这群人实在是一群非常普通的德国人，收入不高，生活简朴，甚至也没有接受过很高的教育。他们从来不知道那些名品名牌的名字，甚至都很少去吃正规的大餐，但他们是一群有信仰、有爱的人。他们会毫不犹豫地把自己最后一块面包，掰开一半送给身边需要的人。因为他们相信，给予比拥有更加幸福。

岁月的温情

有一次要给海边的房子换窗帘，因为不喜欢千篇一律的现成货，就买了白细纹棉布送到裁缝店去请人做。裁缝是个从罗马尼亚过来的女孩子，看我抱去一大堆布，立刻眉开眼笑。她说费用是每踩一米一欧元，三天以后取。我觉得这个价格很没道理，这种闭着眼睛一条线踩下去的活，怎么可以按长度算？我算了一下，这几十个窗帘的工钱，买个缝纫机都绰绰有余了。那个女孩子看出了我的心思，说这窗帘也不是什么人都可以做的，要踩得笔直才行。我心想，我高兴起来就是把窗帘踩得像蚯蚓跳舞也不会有人怪我。于是我客客气气地谢了她，把一大堆布料原封不动地搬了回去。

我回到家就风风火火地说要去买缝纫机。再一问，家里居然还有一台缝纫机。我找出来一看，才知道那是一直被我误认为打字机，并且早就蓄谋已久想偷偷扔掉的一件东西。这东西是上世纪 50 年代的产品，年纪比我还大好多，很重。我打开一看，里面居然一尘不染，该亮的地方闪闪发亮，就像昨天刚用过一样。连底线都穿得好好的，还正是我需要的白颜色。我接上电源，拿起面料就踩下去，一口气就踩出了两欧元，居然还很直。真像是有神力相助，弄得我目瞪口呆，不知道该夸自己还是夸机器。

我在这个老机器上做完了几十个窗帘，它居然一点没有要坏的意思。以后几年里，我把裙边、裤腿按着时装潮流改长改短，还为果同学做过几次化装舞会的行头。它一直老骥伏枥，志在千里，终于让我不耐烦起来。我还真的想买个多几种功能的新机器，以便在时装设计上一试身手。但德国的家用电器是不可以随便扔的，要么自己开车送到指定的地点，要么等到指定的日期把它们扔在马路边上。有一天回家，见马路边上堆了好多家电杂物，明白我等待的日子终于来了。我于是兴兴地往家赶，准备一不做二不休把那个老缝纫机扔出去。

在离家不远的地方，我看到路边有一个包装得结结实实的大电视机，上面贴了张纸条。纸条上写着：亲爱的街坊邻居，这个电视机还很好，只是我们买了一个超薄型的新电视机，所以把它扔出来。它伴随了我们五年幸福的时光，如果你小心地把它带回去，它起码还能伴随你另一个五年。使用说明书、遥控器和转换接头都一样不缺地包在一个塑料袋里，被仔仔细细地粘在电视机的背后。我看了心里一动，这哪是扔东西啊，跟一个母亲扔自己的婴儿差不多。我一边走，一边在心里为我的缝纫机起草纸条上的内容。我要写：这个机器是德国经济起飞时期的产品，很老了，但还很好，一点毛病也没有。想到这里我突然停下来问自己：既然没毛病，那我为什么要扔它呢？我不知道这个机器的来龙去脉，也不知它换了几个主人。但我相信，在德国经济复苏初期，装配它的工人们心里都怀着美丽的憧憬。而每个使用它的女人都是带着温情，带着居家的喜悦，充满爱心地对待它。这些人或许都已经不在人世了，但这温暖的气息却长长久久地延绵着，所以在我的手里，它一直是那样顺手。

只有一个没有头脑的虚荣女人，才会把这样的宝物扔掉，去换一个时髦的塑料的东西。我突然理解了，为什么那么多德国人宁可花比买新东西贵十倍的价格去修理一个旧东西，宁可用盖一栋新楼的钱去修一栋旧房子。岁月的温情就是这样小心翼翼地存留下来的啊。

按不按门铃

有一次我们去一个朋友家吃晚饭。这个朋友是我先生青年时代的朋友，学法律，现在相当于是中国一个省最高法院的院长。他的太太是联邦法院的法官。电视里播到司法方面的新闻时，常常能看到他们。总之，都很了得。我们平时在很多场合有过交往，但到他们家去吃饭还是第一次。

按地址开车到那条街，我们泊好车就去找他们的门牌号，一找两找，找到一栋很普通的公寓楼跟前。我们不相信他们会住在这样的地方，再找一找，三找四找。结果还是回到这栋楼前。

到别人家做客是应该守时的，早去了人家正狼狈不堪地在厨房里忙成一团，晚去了做的菜会冷掉。时间已经有点紧急，我们又没带他们家的电话号码。在标着住户姓名的地方，我们看到有一家是很简单的三个字母，前两个字母正好是男女主人名字的第一个字母，最后一个字母正好是他们姓氏的第一个字母，只有这家最有可能了。先生派我按门铃。先生平时是个绅士，一碰到可能丢人现眼的事情，就会缩在我后面。他总说，我这样子，做错了事说错了话，一般人不会跟我计较。享受这种待遇的，往往不是天使就是无赖，我到现在还没弄明白自己到底属于哪一类。我犹豫再三，按响了门铃。我想，如果应门的声音不对，我一句话也不说，立马逃走。

不一会儿，门应声打开了。这就意味着这家的主人确实在等待客人。

我们疑惑地爬到三楼，还真是那个朋友家。其余两拨客人，一拨已经坐在客厅里，是一对夫妻。还有一个刚刚打了电话来，说她会晚到十五分钟。我们喝着香槟等了约二十分钟，那个晚到的客人也按响了门铃。

　　这是个 50 岁出头的女人，很靓丽，很知性。她一边向大家道歉，一边解释说，她刚刚从波恩开会回来，坐的火车不准点，误了一班衔接的公交车，所以就迟到了。她说其实她应该开车来的，但现在汽油费涨得太厉害，弄得她连开车的心情也没有了。如果一个人打的，很不环保，也很不划算。这个女人更加了得，她是德国驻欧共体最高法院的代表。

　　一个人在经历了一些事情，到了一定的年龄以后，对法律这个东西就开始持怀疑态度。法律跟历史一样，其实也是个任人打扮的女孩子。可是，看到一个国家的高层执法官采用这样的方式在生活，倒让我对法律这东西又有信心起来。

有一种财富叫记忆

　　第一次看到纪念铜牌是在一个深秋的季节。那些天，人行道上铺满了落叶，远远看上去黄灿灿的一片，我突然发现那些落叶中有什么东西在闪光，也是黄灿灿的，但是比落叶的颜色更沉着些。我走过去，发现那是一块镶嵌在人行道石板路面上的小小的铜牌：十厘米见方，上面刻着一个人的名字，还有几个日期和几行字，最后有一个地名，那是全世界都为之惊颤的地名——奥斯维辛集中营。

　　这就是德国很多城市发起的"留住记忆"的活动，这个活动已经有二十多年的历史。很多犹太人后裔在德国寻访自己祖辈的足迹，他们找到祖辈们当年住过的房子，在门前的地上埋下一块铜牌，以纪念自己的祖辈们。铜牌上面刻着他们祖辈的名字，出生年月，在这座房子居住的时间，以及在纳粹集中营死亡的时间。当时有一部分德国人提出异议，说那已经是别人的房子，房主有权利拒绝别人把死人的名字埋在他们的家门口。但最后每个城市作出决定，不管那房子属于谁，只要有当年的户籍记录和集中营的死亡记录，犹太人的后裔有权利在任何一座房子的前面埋下一块铜牌。

　　我们的一个朋友，他的爷爷是犹太人，在即将被运送到奥斯维辛集中营的前一天，选择了自杀。这个朋友用了好几年的时间，在柏林城市档案馆去翻找资料，追寻线索，最后确认了他爷爷在柏林去世前住过的房子。他给那栋楼的每个住家写了一封信，讲述他爷爷的故事。后来，他爷爷当年住的公寓的主人，邀请他去公寓参观。公寓的格局与当年一样，没有任何变化，而且，几任房主，都小心翼翼地把前任留下来的当年的几本旧书保留了下来。有一本书的扉页上，还能读到他爷爷的手迹。这是一件无法用价值估量的礼物。

埋铜牌的那天，这所房子的住户们在门前为他爷爷点燃了蜡烛，共同举行了一个纪念仪式。他说，当他再走在柏林街头时，他明白，柏林已经不再是以前的柏林了。这个城市的每一条街道、每一栋建筑都蕴藏着更多的东西。

当我走在人行道上，看到这样的铜牌时，我会停下来，蹲下去读一读那个名字，那几个日期，还有那些惊心动魄的集中营的名字。我研究他们是男还是女，在哪一年出生，活了多少岁，在这座房子里住了多久，死于哪一个集中营。

我知道，每一个名字都是一个故事，每一座房子都有一段不平凡的历史。留住这些记忆，也就是为人类留下了一份财富。我们的后代需要这份财富，而且非常需要。

万金家书

世界上,有两个人称我"小玮姐姐"。这两个人是我奶奶的姐姐的孙子和孙女,是表了好几表的表亲。当年我在南大读书的时候,他们的父母在南大教书,他们一家就住在南大校园里。碰到周末,我有时会过去蹭饭吃。

我的表弟小时候就不是一般二般的聪明,见过他的人都说这个孩子聪明得紧,以后会光宗耀祖的。这话还真是没说错,表弟去澳大利亚留学以后,年纪轻轻就成了澳洲昆士兰大学的终身教授,是国际空间数据库研究领域顶级的专家之一,还被邀请回国去天安门观看国庆阅兵。我的表妹也跟着去了澳洲留学,他们在那里站稳了脚跟。他们的父母退休以后,也去了澳洲,在儿女那里安度晚年。中间我们失去了联系,一晃就是几十年,直到最近我们在网上才重新开始了联系。

他的父亲去年故去了。他父亲是个乐观开朗正直的人,我非常想知道他为什么晚年的时候移民澳洲,他在澳洲的岁月是不是寂寞,走得是不是从容?他说:"我寄一本书给你吧,那是我们的父亲晚年写的一本书,你想知道的上面都有答案。"

于是等来了一本书:浅灰色的封面上,印着一朵浅紫色的小花,我猜想那应该是勿忘我。书名叫《生命之爱》。这本书详细地叙说了一个知识分子一生的经历,他的父亲母亲,他的哥哥姐姐,他的妻子儿女,他的孙子孙女,他们的生辰,他们的个性,他们的趣事。在我静读这本书的时候，我明白，其实我正在阅读一个中国人、一个中国家庭的真实的历史。

我们了解文艺复兴史，我们了解中国古代文学史，我们还了解这个世界上跟我们并不很相干的歌星明星的情史。可是，对于我们自己的祖先，我们究竟了解多少呢？我们中有几个人知道我们曾祖父曾祖母的名字和经历呢？

千万不要误认为他们跟我们已经没有了关系。当我们每个人清晨起床，走出家门，独自面对这个世界的时候，我们本能的举动和反应，有很大一部分不是来自我们自己，而是来自很多我们没有见过面甚至连姓名也不知道的祖先。他们的血液通过一代又一代传递到了我们的血脉里，所以当我们碰到一件事拍案而起，而我们身旁的另外一些人或忍声吞气，或无动于衷的时候，我们和他们的区别，除了缘于接受教育的程度和父母的影响以外，还缘于我们的父辈、祖辈，或者更遥远的祖先的基因的影响。在很多情况下，我们的遗传基因甚至总是抢在理智的前面，为我们作出选择。

很多年以后，我们孩子的孩子的孩子，除了从我们那里继承一个姓氏和一笔财产以外，将会因为拥有祖先留下的这样一本家书而由衷地感激我们。因为家书将告诉他，他从哪里来。于是他会明白，他可以往哪里走，大概可以走多远。中国人说有其父必有其子，欧洲人说苹果不会落在离苹果树太远的地方，讲的都是这个道理。

这样的家书虽然不是来自三月烽火之中，但同样可以抵得上万金。

守护的星辰

当迎接 2013 年的礼花在夜空中绽放的时候，我很痛楚地想到，我们的父亲已经不能和我们一起迎接新年的到来了，我们曾经的六口之家，现在已经不再完整。

2012 年夏天，我接到姐姐的电话后紧急回国。一个月内，我眼睁睁地看着一个生命飞快地衰弱、消逝，而我们能为他做的事情竟然很少。父亲享年 80 岁。他经历了祥和、平实、丰硕、成功的一生。

深知这个世界不是我们的永居之地。亲人相处再久，也总有说分手的时候。只是我们不忍心，不愿意，不舍得。我们没有准备好。我们永远也准备不好。

可父亲，他可有准备？

2011 年夏天，父母第二次来欧洲。在准备办理签证时，有过很多的周折。据说父母的护照快到期了，不符合办德国签证的要求。可是，要办理新护照，还必须再等一段时间。那样的话，就错过了夏天。错过了这个时候，他们就很难成行了。我本能地感觉到，父亲的愿望很强烈，他很想再次到欧洲，很想跟他在意大利留学的长孙见一次面。我在网上搜索了各种条款，发现父母的护照应该还可以继续使用。终于，父母的第二次欧洲之旅成行了。

当我们一起站在罗马希望泉前面的时候，我跟父亲说，背对希望泉，扔个硬币进去，以后还会再回罗马。他笑着说，那就等来世吧！当时，我心里一沉，第一次意识到，我们的父母也许会有离开的日子。

我对他说，来罗马不是很难，等办了新护照，明年想来就再来。他笑了笑，还是说，等来世吧！我一时无语。他当时的神态给我留下了很深的印象。这样的感慨被他后来写入了诗中。

父亲在罗马跟日夜挂念的长孙见了面，可惜时间很短促。孩子在外求学的艰辛，令父亲唏嘘不已。我们一起在罗马火车站吃了饭，从来对吃饭要求简单的父亲，郑重其事地说要找个好餐馆。吃过饭以后，我们把孩子送上了回学校的火车。火车开动时，父亲老泪纵横。这是他们最后一次见面。能促成这次见面，也是我最大的欣慰。

2011年年底，父亲的诗集出版了。2012年春节，我们为父亲举行了庆祝宴会。他的种种心愿，都完美地实现了。夏天时，他的突然住院和离去，让所有的人都没有心理准备。可是我想，冥冥之中，他是不是已经作好准备了呢？

我至今感谢那些和我们一起喜悦一起悲伤的亲朋好友。在那些日子里，不管我什么时候去医院，总能遇到很多亲戚和朋友，在病房里或过道里守候。有时他们明知见不到父亲，仍然一次次来医院探望。我很珍惜这份感情。

我还要感谢吴医生，是他让我们的父亲在深度昏迷中再一次醒来。父亲神智清楚地对着前去探望他的母亲微笑，并且伸手抚摸母亲的面颊。这对几十年来相濡以沫、互敬互爱的人，终于有了一个最终的告别。

父亲生前听力不好，每次我打电话回去，都是母亲接的电话，偶尔也能听见他在背后插几句话。现在打电话回去，同样的号码，同样是我母亲接电话。有时候我想，我完全可以想象成，父亲还在，没有离去。

是的，父亲并没有真正离去，也不会离去。一个充满善良和爱的灵魂，是不会轻易消失的。它像古老的日月星辰一样，永远守护着我们，陪伴着我们。

契约的力量

2009年年初，苹果的创始人乔布斯被医生说服进行肝移植手术。他在加利福尼亚登记等待，但加利福尼亚人口密集，以他的病情，已经不可能来得及等到一个可移植的肝脏，因为每一例捐献都在网上公布，每个人可以在网上查到自己排位的信息。病人不可能在排位过程中插队，即使像乔布斯这样富可敌国的人。最后有医生提议，让乔布斯在另一个州也进行登记等待。这是制度允许的。乔布斯最后在那里排上了队，进行了肝脏移植。

我复述《乔布斯传》里的这段故事，并不是想赞美乔布斯，而是想赞美一种力量。乔布斯和那些排在他前后的人们，其实都同时受到一种无形的，但也是最有权威的力量的约束，这种力量就是契约。

生活在17世纪的英国政治哲学家托马斯·霍布斯已经不太被今天的人们提起了，但他于1651年所著的《利维坦》一书，为之后西方政治哲学的发展奠定了根基。

托马斯·霍布斯认为，世界上每个人的权利都是相同的。有时候人们会为了自身的利益，放弃或者转让一部分权利。如果权利的转让不是相互的，那就只是一种施舍；如果是相互转让，那么人们就形成一种契约关系。他说，对于这些契约，每个人都必须坚决执行。这种执行的态度，就形成了一个社会的秩序，而这是社会和平的最基本的前提。可以说，如果没有这种执行，即使社会歌舞升平，也只不过是一种幻觉和假象。

大约一百年以后，卢梭写出了《社会契约论》。他认为，社会契约，使人们从自然的状态过渡到了文明的状态。人类的自由，需要契约的保护。

那些排在乔布斯前面的人，有可能是失业者，或者是社会救济金领取者。乔布斯向来特立独行，不按常理出牌，但在这一点上，他知道自己并没有权利越过任何一个人。因为他面对的是一种约定俗成的契约，而它是文明的象征。遵守这一契约，是一个文明人应尽的义务。《乔布斯传》的作者特别强调了一句：他也没有那么做。

千百年来的人类社会就是在这样的基础上建立起来的：人们共同制定契约，然后遵守它。没有任何人可以拥有越过它和凌驾于它之上的权利。有了它，人类的文明和秩序才会获得一种保障。

雪茄的故事

这是一个听来的故事。讲这个故事的是一个有着公主头衔的女人，我愿意相信她。

纽约有一个大银行家叫史密斯。有一天，在银行家俱乐部用过午餐以后，他舒舒服服地靠在沙发上开始享用雪茄。他点燃了一支名贵的哈瓦那雪茄，令人不解的是，这支雪茄接连熄灭了好几次。他觉得有点奇怪，就开始进行研究，他从雪茄里发现了一个白色的东西，把它抽出来一看，是一张卷得很紧的小纸条。纸条上面写着：

> 我的名字叫康恰特，今年18岁。我为您卷了这支雪茄。在您享用这支雪茄的时候，请您想象一下，我每天的生活就是在一个陈旧的、充满灰尘的车间里度过的。

史密斯先生把拆得乱七八糟的雪茄扔了，把这张小纸条留了下来。从这天起，他的脑子里就有这样一个无法驱散的画面：一个破旧不堪的车间，灰尘和烟草渣在空中飞舞。一个年轻的姑娘，在那里年复一年地卷着雪茄。他越想越坐立不安。几天以后，他开始给古巴大使馆打电话，通过各方面的熟人打听这个雪茄厂，打听这个叫康恰特的女孩子，他想跟她见一面。没多久，他就真的打听到了这个女孩子的地址。于是他坐上私人飞机，直接飞到古巴。

接下来的故事像好莱坞爱情故事一样美好。

史密斯见到了康恰特。康恰特是一个清爽美丽的古巴女孩子，本来准备赞助她上大学的史密斯突然改变了主意，直接把她带回纽约家里，让她做了自己的妻子。

我相信良心。只要良心还在，这个世界就会有奇迹。

买单文化

果同学从英国回来,我们一起去饭店吃饭喝酒,大家就顺便说起吃吃喝喝时的买单文化。

果同学说,英国酒吧的AA制是这样的:六个人碰到一起喝酒,其中的一个人为大家每人买一杯啤酒。喝得差不多的时候,第二个人再去帮大家每人买一杯。如此循环往复。这样下去,一定要喝完六杯为止。他说,本来根本不想喝那么多的,可是不喝那么多,就是亏掉了。

当然偶尔也有意外惊喜。有一次,他去剑桥跟朋友去酒吧,最后结账的时候,人家说他们那一桌已经结完账了。他们惊喜万分,不知道该去谢谁。隔壁桌有个教授模样的人朝他们挥挥手,用德语说:祝你们晚安!原来是他乡遇故知。这个天上掉下来的肉包子,让他们乐了好几天。

德国的AA制比较恶心。大家一起坐下来吃饭,最后结账时,就把总数除以人数,平均分摊。问题是,有的人胃口好,不止吃前餐、正餐和甜食,还一口气喝好几杯酒。而我这样的人,总共才点一个正餐,还是挑分量小的那种,喝一杯啤酒就打住,甜食也懒得吃。等到最后跟着平摊,心里很郁闷。不是因为钱,是因为我明明帮别人付了钱,还没有人愿意领我的情。因为是AA制,人人都理直气壮。有一回我烦了,干脆一个人把单全买了。我以为那些大男人会惭愧得找个地洞钻进去,可是他们根本不去找地洞,只是喜出望外地把我谢了又谢，谢得我觉得自己倒成了个大傻瓜。

细想起来，中国式买单最有人情味。有一年我在上海进行拍摄前期的准备，因为工作关系，经常跟一个叫琼的上海女孩子打交道。我和她都喜欢跟女人们在一起吃吃喝喝。有时候，我的女朋友，琼的女朋友满满一桌一起吃饭，吃到三分之二的时候，琼就开始掏出手机请某某先生赶快来喝酒。当然喝酒是假，让他来买单是真。大家很喜欢这个游戏，总是乐呵呵地等着那位先生来喝酒。琼是个有魅力的女人，一个电话打出去，一般来说，接电话的先生在半个小时以内就会赶到。这位先生进来一看这阵势，心里已经明白，二话不说，发一圈名片，敬一圈酒，然后就买单。琼会很认真地客气几声。先生们都说，能为在座这么多有名头的女士们买单，实在是天大的荣幸啊！琼很仔细地把这样的荣幸分摊给不同的先生们。她说，钱是小事情，问题在于，一个女人时时需要自己买单，那就是混得太不出色了。

按照琼的观点，德国的女人们只能去撞墙，因为她们一辈子都没有可能混得这么出色的。

西媒东媒

一天站在报刊亭旁,我突然看见一个封面非常夺目:封面的背景是退位的教皇,前景是一个英俊的教士,封面上的提示词是——终于有性,而且还准备要孩子。

我看了一惊一喜。惊的是,这么爆炸性的新闻,我居然一点风声都没听到。喜的是,性和孩子,这让圣人一样的教皇顿时有了普通人的可爱和可亲。我赶紧拿起那本杂志翻阅下去,翻到最后一页,也没有发现这篇文章。我把杂志合起来,封面上指出这篇重磅文章在第72—74页。

要说明的是:这本杂志一共只有60页。

我仔细一看,原来是德国最有名,最恶作剧,也最逗乐的八卦杂志。差点就上了它的当!

曾收到国内朋友的一封邮件,说国内很多家报纸在报道汉堡的PM2.5超标了。我惊了一下,有一天早晨是大雾,但很快云开日出,蓝天白云。上网去查了一下,发现汉堡的PM2.5确实超标了,超的是欧共体的标。欧共体规定PM2.5的标准是20,汉堡市有些区域的PM2.5竟然高达26,当然是超标了。可一些媒体偏不说明欧共体的标准是多少。

国内有个朋友让我代买奶粉,所以我也关心了一下奶粉问题。欧共体为了稳定奶制品价格和市场,也为了保证牧草的质量和农民的利益,曾规定过牛奶生产配额,配额落实到每家奶场,超出配额就重罚,遵守配额就获得政府下发的奶价补助。而且，很多国家对婴儿奶粉给予补贴，售价很低。这样看来，全世界的奶粉是限量的。媒体纷纷报道香港的重罚制度，但却没有说出它的深度背景。

在今天，对一些重大新闻，每个人都应该理智地判断和审视。这很重要。

边走边读

有一年夏天，我在德国石荷州进行了作品巡回朗读会。这不是商业活动，是中德文化交流活动。朗读会的地点大都在一个城市的图书馆，或者是文化活动中心。去过的城市有大有小，但这些城市的图书馆和文化中心有一个共同特点：总是在市中心最好的地段，总是最显眼的建筑，不是最古老的，就是最现代的。甚至有一次，导航仪告诉我们目的地已到，我们仍然下车问路。因为我们停在一个华丽宏伟的建筑面前，这个白色的建筑前面是巨大的草坪，远远看上去像一个小一号的白宫。路人告诉我们，那就是文化活动中心。协办这些活动的人员也有一个共同的特点：都是义工，不拿一分钱。

还有一次我在一个文化沙龙上朗读。这个文化沙龙也在一座巨大美丽的白房子里，在一个修道院旁边，曾经是修道院的图书馆。这座白房子属于公共财产，曾经是当地政府的一块心病。办过学生之家，可以供一个班级的学生度假，但因为在马路边，老师们觉得对学生来说不安全。办过画廊，但参观的人实在太少。其实开一个餐馆是最好的办法，但可惜修道院已经有了一个餐馆。关了一阵以后，当地政府终于想出了一个办法：办一个文化沙龙。

沙龙的女主人叫多莉斯，是位诗人，在德国很有名，写那种朦胧唯美诗，得过很多奖。她本人也是德国几所知名大学的客座教授。她和她丈夫可以终身免费住在这座房子里。唯一的条件是，他们必须定期举办文学作品朗读会，自负盈亏，政府不再资助。这个沙龙一办就是二十多年。楼上是住家。楼下是沙龙，有一个能容纳一百多人的朗读厅，有带壁炉的客厅，有优雅的餐厅。在朗读会期间，沙龙是对公众开放的。德国大小作家，包括诺贝尔文学奖获得者，都曾到这个沙龙朗读过作品。

我的朗读会是星期天中午十一点半举行。人们睡个长觉起来，从容地吃过早饭，不紧不慢地来到沙龙。进沙龙是要买票的，如果不是沙龙固定会员的话，价格还不菲。一开始，大家喝着酒或饮料，在客厅或者花园里随意走动、交谈。然后，大家在朗读厅坐下，听一个小时的朗读，此外还有十几分钟的提问交流。朗读会后草坪上有自助餐，需要另外付费。因为大家都了解这个沙龙的背景，付费的时候基本上都不接受找零，作为一种捐赠。

女主人关注着每一个细节，从花卉的装饰，自助餐的菜式，与每个客人的交谈，到主持朗读会，介绍作家以及向作家献花，每个细节都做得完美尽致。当她被评为德国文学院士时，她的文学成就除了她的诗作以外，还有这么一项：二十多年来，她成功地在她的周围营造了一种优雅的文学氛围。

我注意到，来参加朗读会的人，像参加音乐会或歌剧一样，都穿着正装。在这个沙龙里，我遇到了巡回朗读以来最认真的听众，最有文学品位的提问以及最热烈的掌声。

或许，文学就应该是这样。不必像超市那样人来人往，奇货可居，或者是清仓甩卖。文学，就是一个小小的群体，写给另外一个小小的群体读的。它们在客厅里沙龙里书店里被朗读，然后慢慢地走向喜爱它们的大众。这是文学最初的形态，我想，也是最自然的形态。

山那边海那边

我对西方的汉学家们一般都心怀敬意。在咖啡、香槟的人文环境中，人家坐怀不乱，一心一意之乎者也。这样的定力绝不是一般人所能有的。

有一次，在一个酒会上，人家把我介绍给当地大学的第一汉学教授。我们才聊了几句天气，他就说他要去拿饮料，问我想喝什么。去拿饮料是酒会上最体面的甩人手段。如果你宅心仁厚地请人家帮你带饮料过来，人家当然也会那么做。不过，在拿着饮料走到你面前的途中，他在心里已经把牙齿笑掉了好几颗。一个人连这点规矩都不懂，实在不配出来行走。所以，我谢过他的好意，客客气气地跟他分了手，但心里十分地郁闷，不知道我到底哪里做得不妥，还没说上几句话就让他甩了。后来别人告诉我，这个教授比较擅长在德国人面前孔子曰，见了中国人一般都绕道走。因为他汉语说得不好，怕被中国人笑话。但他的汉学根底其实是很博大精深的，一般中国人绝对不是他的对手。比如说他手下有个博士生的论文题目竟然是：中国清代自贡造盐历史。好吧，除了吃盐，说到造盐史，而且发生在清代自贡，有几个中国人是他的对手！

后来我碰上一个比较对口的。一个朋友的女儿汉语系毕业，正在写博士论文。论文的主题是对中国一个古典作家作品的分析。朋友请我有空时和她女儿谈一谈，让她打开一点思路。我想，造盐的事不对口，讲到作家作品，我这个科班出身的人应该有一点用武之地的。所以我一口答应下来，立刻把中国古代几个经典作家的名头一一报出来，问是哪一个，她说不是这几个。她说，这个作家在中国古代很有名，具体的名字她虽然说不出来，但如果我说对了，她一定会听出来的。我真心想帮她女儿一把，请她即刻给她女儿打电话，把这个作家的名头速速报过来。过了一会儿，人家把短信发到我的手机上，这个德国学生博士论文的研究对象是——纪晓岚。我顿时哑口无言。纪晓岚的名头固然很大，但他的作品我读得确实不多，即使我恶补几天，读完他的作品，因为年龄、背景的不同，我跟她女儿聊纪晓岚，只怕还是鸡同鸭讲，说不到一起，到时候还误人子弟。从此我在任何场合见到这母女俩中的任何一个，立刻就绕道而行。

不同的文化之间，隔着山隔着海，隔着令人无法想象的距离。即使向着同一个方向前行，最终也不一定会相遇。最重要的是——彼此的理解和包容。

听话听音

　　欧洲人是很忌讳跟别人正面交锋的，更不愿意当面让别人下不了台，即使同事之间为了工作有不同的意见，他们也总是表达得十分委婉。他们会这样说：你的意思我理解，非常好。我不是想要跟你争论，我只是想说如何如何。如果你错过了一个派对，第二天去问参加了的人，派对开得怎么样，就算那派对嗨到了天上，他也会轻描淡写地告诉你，一般般啦，跟其他的派对差不多。这叫体贴，他不愿意让你沮丧和后悔。甚至连那骂人的话，他们也总是想方设法拐着弯说出来，一不小心，你就把那当成好话听了。

　　有一次我坐长途汽车，车上座位的靠背很矮。我后面的座位上是一个看上去很有教养的老太太。坐下不久，她就笑眯眯地把头凑过来，夸我的黑头发漂亮。我这个人傻得以为人家真的是在夸我，很有礼貌地向老人家道了谢。过了一会儿，她又凑过来，夸我的头发很好闻。我于是提高了警惕。我想，我这几根头发哪里值得这么夸，一定还有别的原因。我回过头，心里立刻明白了。原来我的又黑又好闻的长头发越过了椅背，侵入了她的空间。虽然只是一丛头发的问题，但人家看着总是不舒服。换了我也一样。我把头发拢成一把，放到胸前，并向她道了歉。这回轮到她笑眯眯地向我道谢了。接下来的时间我就畅想，如果我处于那老太太的处境，我会怎么办。第一是无所谓；第二是，或许我会做出一些动作，碰到前面人的头发，让她感觉到她的头发有点碍我的事。想来想去，我觉得这老太太的方式让人感到舒服，不伤和气，就是有点智力测验的意思。

还有一次朋友生病住院，说想喝鸡汤。我用小火把鸡汤慢慢地熬出来，还加了枸杞、黄芪之类的东西，看上去补得一塌糊涂。送到她病房里，鸡汤还是烫的，朋友吃得欢天喜地。刚刚吃完，主任医生推门进来，笑着说："好香啊，真让我想起了中国饭店。"我和朋友都是多年媳妇熬成婆的人，赶紧一边跟他打招呼，一边把窗子打开透风。听话听音，你想病房成了中国饭店，这是好话吗？

当然，你完全可以把这些话当成好话听。这些人绝对不会生气，也不会跟你计较。就像武林高手随手试人一招，你根本不接招，人家就知道你和他不是一条道上的人，也就不跟你一般见识，最多心里觉得你这个人有点缺乏家教。但如果你听懂了话外音，他们会很开心，觉得你体贴细心，还善解人意。欧洲家庭背景好的女孩子，从小就学会了这一招。她们既会拐着弯骂人，也能听懂拐着弯的骂人话。她们的起点因此就比同龄人高出很多。

我呢，拐着弯的骂人话倒是能听懂了，但拐着弯去骂人还没修炼到家，路漫漫其修远兮。

巴别塔

据说世界刚开始的时候，上帝让人类造一座塔，叫巴别塔。当时世界上的人说的是同一种语言，交流起来没有困难，所以干起活来飞快，工程进展神速。上帝看在眼里，急在心里，觉得如此这般地下去，人类会意识到他们自己的力量强大无比，上帝就不能把他们握在手里捏扁捏圆的。上帝费尽心思，想出了语言这一招。他让世界上的人说很多种语言，互相不能沟通，于是有了误解，有了争斗，有了战争。于是那巴别塔就一直没能造完，世界上的战争一直到现在也还没有停止。好莱坞有部片子就叫《巴别塔》，讲的是语言的误解导致人物命运的改变。

我去过很多非英语国家。我注意到，在这些国家里，如果一个外来人讲英语，当地人用英语回答的时候，脸多半是紧绷着的，而且表情紧张。如果那个人开始说当地的语言，人们的表情就会突然松懈下来，并不由自主地露出笑容。这不完全取决于那些人的英文熟练程度，而是因为人们用一种不属于自己的语言进行交流时，有一种不踏实、不安全的感觉，他们不知道自己想要表达的意思，是否可以真的通过一种自己陌生的语言准确地传达过去。而人们对一种文化真正地了解和融入，也只有建立在通晓那种语言的基础上。因为很多文化的东西，离开了自己的语言，也就失去了韵味和活力。

我在一个资料馆看过一段没有经过剪辑的二战停战谈判的资料。看了几遍才明白，当时不是双方的将军们想停止战争，实在是双方的翻译想停止战争。双方翻译明白是世界上千千万万人的鲜血和生命，把双方引导到了谈判桌前。他们珍惜这一历史性的时刻，不动声色地把双方谈判人员火药味十足的质问、谴责，甚至不堪入耳的辱骂，温和委婉、充满教养地说过去，再说过来。那携着绿色橄榄枝的白色小鸟就是这样在双方翻译心照不宣的来回交流中缓慢而执着地飞过来的。我当时很感慨，心想，这才是世界上最优秀的翻译，这些翻译有资格在二战史上留下辉煌的一笔。

于是我经常对那些做国际业务的朋友说，要做好一笔大生意，千万得找个想做好这笔生意的翻译。一个充满语言表现欲，鹦鹉学舌地把一方的话准确无误地译给另一方的翻译多半会误事，而且是误大事。好几年以前，我在上海拍摄一个中德合作的电视剧，因为涉及方方面面和各个部门，当时找了很多专业的德语翻译。这些人是科班出身，还是童子功，一开口说德语，我这中文系出身的立马就只敢讲中文，不敢再讲德语。但是，一开始，双方的沟通困难重重，有的中方人员甚至差点跟德方人员打起架来。每次"战火"烧到我面前时，我基本上不听双方的是非曲直和来龙去脉，只把翻译请过来，给他们讲那段二战停战谈判的故事，鼓励他们当面说谎，还要大胆地混淆黑白。这一招很灵，从此不再有打架和吵架的事件，到最后不光中德合作出了一部片子，还合作出了一个孩子。那些翻译从此都进了上海最好的公司，有的工资拿得比我这个启蒙师父还要多。

我这个人从来不是当翻译的料，也没有人请我给几百万几千万美元的项目做翻译。碰到需要翻译时，多半是那些有关文化、友谊和交流的话题，所以一般来说都是随心所欲，自由发挥。碰到一些敏感的话题，我就避重就轻，或者干脆忽略不计，免得双方争论起来增加我的翻译工作量，还影响友谊。碰到有人说话啰唆，我就给他来个高度浓缩。有一个饭局,我给一个德国略有名气的导演当翻译,他一路夸夸其谈,自吹自擂。我一路偷工减料,敷衍了事。他不满地看了我好几次,终于忍不住低声质问我:"我刚才说了那么多,你怎么才说一句?"我很诚恳地对他说:"我们中国语言博大精深,简明扼要,你就不懂了。像孔夫子那样的人,说话常常就说三四个字,后人解说起来,要写一本书!我是中文专业的,比不上孔夫子,但概括还是很厉害的,我这么帮你翻译过去,显得你很有文化,懂不懂?"他受宠若惊,说:"像孔夫子?"我说:"还没到那一步。""像孟子?"他又问。他居然还知道孟子,想来是到中国以前恶补过的,这倒让我对他顿生好感,刮目相看,就笑眯眯地说:"差不多啦。"

那一个微笑

一天下午去买菜,超市里很安静。突然有个非洲女人带着一个三四岁的女孩动静很大地走进来,几乎把所有人都惊动了。这女人是那种粗粗壮壮的个头,她一边大声地跟小女孩说着谁也听不懂的话,一边往里走,既没有推购物车,也没有拿购物篮。她们一路快步地走到放着面包的货架那里,女人打开盖子,不用食品夹,直接抓出一个巧克力面包,放到小女孩手里,小女孩就放进嘴巴里吃起来。

怎么可以这样?我吃了一惊,看看周围的人,他们不是转过脸去看某样东西,就是站在那里很认真地低头想心事,只剩下我一个人在那里发呆。我环顾四周,看到不远处有一个老太太在朝我挤眼睛,还伸出一只手指头压在自己的嘴唇上,暗示我闭嘴。

那女人带着小女孩放慢了脚步,一边吃面包,一边东看西看。小女孩很快把面包吃完了。那女人在奶制品冷藏柜那里停下来,就像在自己家里一样,弯腰拿出一罐酸奶,把吸管插进去,递给了小女孩。小女孩接过去,开始喝酸奶。更加过分的是,这酸奶是四小瓶一个包装,那女人就把其余的三瓶拿在手里,带着小女孩,从排队付款的地方走了出去。我几乎要大喊起来,可是,所有的人都保持沉默,包括坐在收银台前的收银员,于是我也沉默起来。

付款的时候,那个示意我闭嘴的老太太排在我后面。我问她:"刚才的事您都看见了?"老太太说:"看见了。"我说:"怎么可以这样?这可是关系到孩子的教育!这孩子会以为,超市的东西都可以随便吃的。"老太太反问:"如果孩子正饿着呢?"我说:"饿着也不能偷东西啊!"她突然很认真地纠正我说:"不,她没有偷,她只是拿。"不等我反驳,她接着说:"如果刚才有人阻拦她们,我已经准备好为她们付账了。说到底,这也没有多少钱。再说,超市每天扔掉的过期食品就有很多,这点东西算什么!"她对我微微一笑,"别那么认真!"

她那个微笑,就像一道强光一样,把我从小到大一直坚守的是非观照得黯然失色,一地碎片。也或许,有些事情不一定用是非标准作评判,而是用那种设身处地的体谅和同情。尽管我还不能够完全接受这一点。

听 歌

在语言无法形容时，就有了绘画。在画笔无法表现的时候，就有了音乐。在音乐也无法表达的时候，就有了歌曲。这是我的理论，谁也别跟我争，争了也没用。

果同学在小学里学唱的第一首歌是《思想是自由的》。他那时候还很小，拿了一张歌谱在那里来来回回地哼哼，却让我听得思绪万千。我刚学德语时，老师也教我们学唱这首歌。这是一首德国 19 世纪的民歌，可以说是个德国人都会唱，它在德国比贝多芬的《欢乐颂》还要普及。歌词说：思想是自由的，没有谁能够阻止。它们就像夜空里飘浮过的阴影，没有人能看见，也没有人能够追踪……

我过去和他一起练，一直练到他背出歌词为止。我问他："老师跟你们解释歌的意思了吗？"他很奇怪地看看我说："为什么要解释，我句句都懂啊。"我想，这确实是一个简单的道理，确实不需要解释。可是每次我听这首歌时，为什么总是有一种无法形容的感动呢？我很高兴他学的第一首歌不是《我在马路边捡到一分钱》。我觉除了拐弯抹角的道德说教外，还有更重要的道理要教给孩子。

有一年的秋天，我在敦煌的鸣沙山拍摄丝绸之路的镜头。其实只是一个历史文化纪录片，只是想拍一个驼队在夕阳下的沙漠里行走的镜头，用在片头片尾，也就几秒钟。但一不小心把场面搞得很大，几十匹骆驼由北向南从沙山的山脊上慢慢地走过，驼铃声声，沙山如海，残阳如血。两架摄像机同时拍摄，一架在空中，一架在山脚下。驼队走完以后，山脚下的摄像师说，他觉得不理想，希望再走一遍。于是用对讲机把指令发过去。驼队开始掉头，行动十分缓慢，并且挤成一团，乱成了一片。就在这时，沙漠里突然刮起了大风，坚硬的沙石迎面扑来，让人睁不开眼睛。用飞行伞在空中拍的摄像师说，这么大的风，他无法起飞，而夕阳在沙尘中慢慢变得混浊黯淡。我听天由命地站在那里，想着这一路的种种周折和不顺，沮丧得很想大哭一场。这时，一直听着随身听的录音师向我走来，他一句话也没说，把一只耳机摘下来，塞进我的耳朵。一个孤独的男声伴着吉他正在低低地唱："一个人要走多远的路，才是一个真正的人？"他唱的是英文，一遍又一遍，有一种难言的惶惑和迷茫，好像他已经走过了很远的路，不知道还要走多远的路。这时候夕阳西下，大漠孤烟，远处人声驼铃声隐隐乱成一片。歌声里，我生命中逝去的年年岁岁，我生命中爱过的那些人，突然都从我眼前一一闪过。一时间泪水充盈了我的眼睛。听完歌，我把耳机还给录音师，竟然有种恍如隔世的感觉。

有一年圣诞节的一个晚上，果同学在壁炉前弹着吉他，不经意间居然也唱出："一个人要走多远的路，才是一个真正的人？"明暗的火光在他年轻的脸上闪烁着。这首歌原来也可以唱得这样轻松、愉快、没心没肺。这样的问题可以一遍遍地问，却不需要有答案，其实也找不到答案，歌和人生都一样。

大家的英语

在我们这个地球村上，现在能说英语的人就像雨后的春笋一样。但是，说英语的人群也可以分为三等九流。

那些能说一点点英语的人，一般来说，都把英语单词当成手榴弹揣在身上，平时能不用就不用，实在到了危急关头，冷不防就往外甩几个，居然也能杀出一条通道来。

那些会说几句英语的人，他们不但掌握了一定的单词，还会把这些单词按主谓宾的顺序排列起来。这样的人走出国门时虽然有点底气不足，但也一路畅通。

而那些自称英语说得不错的人，他们不但知道主谓宾排列，还会适当地把动词进行人格和时态的变化。这样的人基本上可以在世界上一往无前。

至于那些能说出从句，还能一口气说上好几句英语长句，并且一点不结巴的人，就可以当之无愧地称为地球村的公民了。

我一向对自己的英语充满信心，直到有一次在英国一个图书馆的公关部，听一位公关人员讲了一个电话。那个英国美女刚讲个开头，我就开始对她高山仰止了。她的英语里充满了寒暄礼貌和虚拟用语，高雅委婉，听起来就像跟女王本人在直接对话。等她行云流水地讲完电话，我顿时觉得自己变成了巍巍昆仑山底下的一棵小草。其实她说的话我句句能听懂，但我知道，再学几年，我也不可能像她那样会讲英语。

我灰溜溜地走出她的办公室。为了让自己振作精神，我仔细概括了一下她说话的内容。十几分钟讲的事，用我的英语，大概只需要讲三句话。这样一概括，又让我把自己失去的信心找了回来。我想，要是老板偷听我们两个人讲电话，一定会给我涨工资，把她给炒鱿鱼。她说那么多礼貌委婉的用语，浪费时间不说，还占用了电话线，耽误了大好的商机。

在德国，跨国大企业一般都是说英语。这样做，一是方便各国同事交流，大家都显得平起平坐，说起话来简明扼要，主谓宾再加上时间、地点，基本上就把话说明白了。二是避免了很多矛盾。一般同事间的打情骂俏、讽刺挖苦都是需要语言技巧的。一想到要用不是母语的英语说出来，心里就打几分鼓；就是说出来了，人家是不是听得明白，理解得准确，又是一个问题。所以，一般人就知难而退，尽量把这样机智的语言交锋留给自己的母语。所以，每个企业基本上形成了自己独特的英语：语法简单，用词明白，按顺序排列。就是不懂英语的人，查着字典也能一路畅通。

一个在跨国企业工作的朋友告诉我，新年一过，她遵照老板的意思，给各国的客户写了一封信，瞻望一下新一年的工作和事务。大部分客户读完她的信个个心里清明如镜。唯有一个客户回了一封邮件，说对其中的一句话不是十分明白。这本来也不算什么，可是令人郁闷的是，这个唯一没读懂英语信的客户，竟然是一位正版原装的英国绅士！

这让我记起在巴黎的地铁里贴着的英语学校广告。上面是一位被打得鼻青脸肿的英国绅士，他在向人们发出请求：请停止屠杀英语！按英国人的意思，世界上大部分人讲英语的时候其实不是在讲英语，而是在屠杀英语。

当然，随着全球化的步伐，对英语的屠杀不可能停止，只能愈演愈烈。总有一天，当英国人走出国门时会吃惊地发现，这个世界上虽然大家都在讲英语，但讲的并不是他们国家的英语。他们必须立马就近找个英语班恶补一下，否则很难跟大家进行对话。

赴约的女人

晚秋的一天下午,我们在湖边散步,不经意间,有一个老太太出现在湖边铺满黄叶的路上。她右手拄着拐杖,左手抱着一把与秋色相融的斑斓鲜花,化着很精致的妆,穿一套秋季的裙服,戴一顶细麻编织的浅黄色遮阳帽。那帽子像阳光一样明媚轻盈,遮住了她的盈盈白发。帽顶上斜斜地插着一支美丽的翎毛,俏皮而优雅。帽檐下有一个同色的网纹面罩,在她的脸上编织出一层深深浅浅的阴影,使她的面容朦胧而神秘。只有涂着深红色唇彩的双唇,在细密阴影后面隐隐闪现出一派娇媚艳丽。

就在这一瞬间,蓝天白云,黄树红叶,好像都成了一个巨大的舞台,只是为了等待她的出现。而我们这些着运动装的女人男人们,不约而同地像配角一样,安静而尊敬地停下脚步,注视着我们仰慕已久的大腕。

众人的目光并没有引起她的注意,她依然安详而蹒跚地走着。走近了才发现,她拿的并不是拐杖,而是一把结实的雨伞。或许,她从来就没有把它当成雨伞使用过,只是替代拐杖的道具而已。

这是一个老人,毫无疑问仍然是一个真正的女人,也许正去赴约见一个异性朋友。生活中见过各式各样的老态,老得这样自爱、自信和自尊,实在少见。

我站在原地,一直看到她消失。

我,多么希望,在像她这样年迈的时候,仍然有这样一个朋友,住得不近不远，散步就到。而且，他，仍然值得我用微微发颤的手，仔仔细细化一个精致的妆，在秋阳明媚的下午，带一束鲜花，慢慢走路去拜访他。他已经在花园里等我。绿草地上散落着大片斑斓的树叶。两个老人坐在午后的秋阳下，茶几上有一壶咖啡，一碟甜点。其实，我们的味蕾早已退化，吃什么喝什么，已经不能激荡起我们的热情。草丛中白色的雏菊在阳光下散发着浓烈的香气，我们已经闻不到，但我们清晰地记得它们的芬芳。我们絮絮叨叨地聊天，其实我们都已耳背，听不清对方在说什么，或者只是在说给自己听，也或者，自己都不知道在说什么。

　　此时此刻，爱恨情仇，荣辱悲喜，早已渐行渐远。只剩得一片云淡风轻，清朗空明……

信箱里的故事

每次我打开被杂志塞得满满的信箱,就开始用冷静的头脑逐一对那些杂志进行审视过滤。我陆续退订了几份杂志,甚至连某化妆品牌定期免费赠阅的杂志也写信婉言谢辞。但有两份杂志就是退不了,让我很郁闷。

一份是无家可归的人办的杂志。先生有一次走在路上被一个推销该杂志的美女说动了心,当场就签字画押订了一年的。这份杂志纯属公益性,连家都没有的人,哪有什么心思办杂志?内容当然也没法读。我基本是把它从信箱里拿出来,直接就扔到垃圾箱里去。

等一年大限快到的时候,我提醒先生要及时写邮件退订。他说,谁说要退订了?我说如果真想赞助他们,一年往人家账号上打点钱就算了。他说不一样,因为这是一份杂志,是这些人对社会发出的声音。这个声音很弱小,所以要支持。我问他自己读过几期,他说他不读,别人自然会读。所以不退。真是对美女一诺千金啊!

还有一份是某个著名国际组织的杂志,他们按期寄给果同学,已经有好几年了。我把果同学订的杂志看得很神圣,每次从信箱里取出来,就把它端端正正地放在他的房间里,等他某天回家时一并阅读。他去伦敦读书时,我问他要不要把每期杂志帮他转过去,他说不要,他让我读。我这才翻阅了一下,原来是一份国际愤青杂志,不是呼吁大家往某个邮箱写信抗议,就是通知大家某月某日有某项活动,请大家自行参加,当然一切费用自理。看了两期,以后从信箱里把它取出来的时候，我也直接请它们进了垃圾箱，但我没敢轻易跟果同学提退订的事。

终于有一天，那个杂志写来一封信，说以前果同学协助他们工作，所以得到免费的杂志，现在他不参与工作了，就应该付费。每年至少付多少多少，上不封顶，多付部分作为捐款。如果不愿意续订，可以在某月某日以前电邮退订。我一看机会难得，赶紧起草了一份客客气气的退订邮件。

在发出邮件以前，我先发短信征求当事人的意见。一秒钟以后他回了个一字短信：不。然后电话就马上追过来了。他说，他就是支持这个组织，以前协助他们工作，现在虽然没时间了，愿意以这样的方式继续支持。最后他说，可惜他钱少，要不还准备多付一些钱给人家。

这实在是微不足道的数目，杯水车薪、沧海一粟，说的就是这样的情景。但我尊重这样微小的愿望，继续孜孜不倦地打开信箱，取出杂志，然后扔掉。

想起张纯如

多年以前，果同学回南京学中文。在回德国的时候，他给我带了一本书，是张纯如的《南京大屠杀》。他把这本书放到我的面前，用责问的口气说："妈妈，你是个作家，为什么没有写这样一本书呢？你有可能比她写得更好。"

是的，以我对南京的了解，以我在南京的人脉，我为什么没有想到写这样的一本书呢？那一刻，我羞愧万分，竟然没有勇气正视对面那双年轻的眼睛。

1990年，我第一次去日本参加大阪国际儿童文学年会。在大会发言的时候，当时十分年轻的我说了一段话，大意是：我的家在南京。在我们那个城市有很多纪念碑，为的是纪念三十万无辜的同胞。可是，这段历史正在被遗忘……

当天晚上，有一个熟悉日本情况的中国人委婉地告诉我，在那样的一个场合讲这些话，有一点不太合适。这让我非常疑惑。我一直以为，在日本，只要提到南京这两个字，日本人都会无地自容，双手合十，请求宽恕的。当我多次去日本，并且和很多阶层的日本人交谈过以后，我才知道，事实上，大多数日本人并不了解这段历史。即使有所了解，也并不全是真实的情况。最重要的是，他们已经没有兴趣去了解这段历史，只有很少的人有认罪和谴责的意识。

其实，作为二战的战胜国之一，中国当年有很好的机会把这场无耻的屠杀大白于天下，并且理所当然地索取赔偿。那时候，硝烟未散，血迹未淡，记忆犹新。可是，中国放弃了这次机会。于是，历史上这沉重的一页就这样轻易地翻了过去。现在要把这一页历史重新翻回来，需要政治家、史学家和民众的齐心协力。

我坦率地告诉儿子，很遗憾，我没有可能比张纯如写得更好。因为我没有她的执着，没有她的认真，没有她的勇敢，没有她的无私。我早已习惯了舒舒服服地坐在家里，倾听自己的内心，用想象，用虚构，用渲染的方式去写作。要一点小小的技巧，取一点巧，投一点机，暗暗希望这本书完成以后，可以有很多人去买，还希望能获这样那样的奖项。事实是，我已经输了一步，所以不能再指望双赢。

张纯如写这本书时，直面，肃容，一无所求，一往无前。因此她获得了人们的尊敬和认可。愿张纯如年轻美丽的灵魂与南京同在。

女 性

很多年以前，我们在河西走廊一带拍摄丝绸之路上曾经发生的故事。其中有些历史再现的镜头，需要制作一批服装。通过朋友的朋友，我在兰州找到一位当地电影厂姓刘的女服装师。据介绍，她还能化妆，要价也不高。那天下午她来到我住的酒店，我给她看我从德国带去的历史人物当年的照片，再听她跟我谈设想，谈服装造型。我听下来的感觉是，刘老师把当年在丝绸之路上的西方考古学家当成了西北的老农在做造型。我忍了又忍，没好意思把这话说出来。

到了吃晚饭的时候，我请她吃晚饭。她带我去了附近一个不大不小的饭店，很干净。我们的座位临街，有很大的窗子。菜上了没一会儿，有两个中年妇女趴在窗口，仔细地看着我们吃饭。

我顿时觉得很不自在。人家吃饭，有这么盯着看的吗？刘老师朝那两个女人挥挥手，示意她们离开。她们走开了一会儿，不知不觉又回到窗口，盯着我们看。我被她们看得心烦，草草吃了几口，就把筷子放下了。

买完单以后，刘老师提出要打包。我这个人一向赞成打包，但这位刘老师打包的方式让我有点吃不消，她不但把所有的剩菜都打了包，还把饭，甚至汤都打了包，最后还问人家要一次性的筷子。

我做出很有耐心的样子站在一边等她。心里想，回到酒店就给朋友打电话，让他给我重新物色一个服装师，价格高一点也没关系。因为作出了这个决定，我就表现得格外有耐心有热情，还很互动地帮她把餐巾纸也一块儿要了。

我们提着几个塑料袋走出饭店。看我们吃饭的女人还趴在窗口朝里面张望。刘老师把她们叫过来,把饭菜一起给了她们。她们接过塑料袋,对我们谢了又谢。

等她们离开以后,刘老师说,这些人是饿了。我一时间很震惊,反问她是怎么知道的。

刘老师说,因为她们穿得很整齐,根本不像要饭的。她们是下岗工人,上有老下有小,不好意思明明白白地要饭。停了停,她说:"你在国外住久了,可能想不到现在的西北还有人饿肚子。"

我无地自容。在刘老师的眼里,原来我是一个养尊处优、不谙世道艰辛、冷漠浅薄的女人。可是,如果我不是,为什么我就没有读出她们目光里的饥饿呢?

刘老师无声地陪我站了一会儿,然后说要走了。

我叫住她,把资料照片、演员的衣服尺寸和一叠钱塞到她手里。我说,我一个半月以后带着摄制组再回来这里,具体的时间地点,自会有人通知她。我想,到那时候,不管她给那些19世纪的西方考古学家穿成什么样,我都认了。

刘老师安静地说:"拿了你那么多钱,我给你打个收条吧?"

我说:"不用。"

我已经明白,站在我面前的,是生活中最优秀的女性之一。她默默无名,但为女性这个词作了最好的诠释。

手袋里的灯

我收到过一个很新颖很奇妙的小礼物，扁圆的形状，洁白润滑，小巧精致，像一个银色的贝壳。送给我的人解释说，这是某个大品牌专门为女人打造的手袋灯。把它放在手袋里，女人在听歌剧、看电影时，如果突然想起要在手袋里找东西，只要轻轻一碰，它就亮了，照亮了手袋和里面的东西，而且不影响身边的人。最重要的是，省去了可能出现的翻找和折腾，避免了由此产生的坏心情。

很快，不少朋友都知道我有这样一个奢侈的灯。坐在电影院的时候，就有朋友把头伸过来，要求看一看我手袋里的灯。可是，我没带。总是没有带。特意没有带。以后也不会带。

我喜欢送这件礼物的人，也喜欢这件礼物，但我很不喜欢这件礼物透射出来的一种信息：一种对物质生活十全十美的精致要求。一个女人，一年中也许偶尔有一次，在一个黑暗的地方，想从手袋里找一把钥匙，一包面巾纸，或者是一颗薄荷糖。对于这种有可能出现的小小不便，奢侈品的研发人员都已经考虑周全，并且利用高科技去应对。

其实，这种对生活的精致和完美的追求，在这个时代已经到了病态的地步，甚至已经开始威胁到我们居住的环境，如空气、土壤、山川、河流等。可是，我们仍然乐此不疲，精益求精，没有最好，只有更好。

很多年以前就有哲学家提出一种观点，他们认为科学的年代已经接近尾声。人类通过科学研究所能知道的，大都已经知道。所能做到的，也已经做得差不多了。即使还有探索和研究，也就像那个手袋里的灯一样，大部分属于锦上添花，不再有划时代的意义。那么，我们是不是可以放慢一下追逐物质需求的脚步，回归到我们自身，关注一下自己的内心，探索一下哲学的智慧、信仰的力量和生命的意义呢？我们有多长时间没有静下心来认真地读完一本好书，在夜深人静的时候看一看天上的星星和月亮？我们是不是缺少了什么？

传说当年苏格拉底一个人走在雅典街头，把集市摊贩卖的东西一件一件看过去，最后感慨地说："这里的大多数东西都是我用不着的。"这个不崇拜物质的人，因此是一个真正自由的、独立的人。

而我们的悲剧在于，我们停不下来，甚至没有想过要停下来。

岁月如歌

有一天，在家门口跟住在附近的一个女邻居聊起天来。这个女邻居为一个著名的品牌时装做市场策划，年轻美丽，也很时尚。她说："噢，你住的那栋楼里有个老太太，她有一个两岁的孙子，我儿子跟他同年，他们在一起玩过好几次呢。"

我一头雾水。我把我们那栋楼的住户楼上楼下想了一遍，没想出有一个老太太。说准确一点，在我们那栋楼，根本就没住什么老太太。

女邻居看出我的疑惑，赶紧补充说她记不起老太太的名字了，但记得她的女儿开宝马，她的女婿开保时捷。

我更加一头雾水。我真不知道还有这样的记人方式。她能记得人家女儿女婿开什么牌子的车，却不记得人家的名字。其实在德国，一个刚开始工作的年轻人，签个租赁合同，每个月花一百多欧元，就能开上保时捷宝马奔驰什么的，所以我平时还真不太注意邻居们开什么牌子的车。我只记得在车库里，我们车位左右的车的颜色和车牌号。

她看我还在疑惑，再帮我一把，说："那老太太是搞医药研究的。"我恍然大悟，原来是住在我们二楼的那个女人啊，她还没退休，也许比我大不了几岁。在我看来，她还风韵犹存呢，怎么在这个30多岁的女人眼中，她就成老太太了呢？我心里有点愤愤不平，很不满很挑剔地看看这个年轻女人，心里暗想，也是生过孩子的人了，并不见得年轻到哪里啊。

回家走进公寓楼的时候，那个被年轻女人称为老太太的女人正轻捷地从楼梯上下来。棕色的皮靴配着棕色的裤子，上面是一件黑呢大衣，一条浅棕色的围巾柔软而优雅地围绕着她的脖颈。在我看来，她还是个有吸引力的资深淑女。我们互相打着招呼擦肩而过。我心里慌慌地想，如果她在年轻人眼里是个老太太，那我离老太太也不远了。

这就是岁月。

在我们20岁的时候，觉得30岁的女人已经很老。在我们30岁的时候，觉得一个40多岁的女人已经老得不可救药，而那些50岁以上素面朝天的女人，根本就是光天化日下的视觉"恐怖分子"。至于那些六七十岁的女人，基本上就不再算是女人，只能算是个中性人而已。

岁月像水一样带着我们静静慢慢地流去。有那么一天，我们突然觉得所遇到的人大都比我们年轻，即使那些比我们老很多的人，我们也还会觉得他们还正当年。其实周围的世界并没有改变，只是，牧童的晚笛已经在不远的地方悠然吹响。

当我们每个人像初升的太阳一样清新柔美的时候，黄昏已经在并不遥远的地方静静地守候着我们了。而我们人类，永远是义无反顾地一路向它走过去。

我们的岁月如歌一般，不唱到最后，又怎能知道哪一章是华彩呢！

黄昏的祈祷

乡下，一个周末的黄昏，我们的邻居乌弗来敲门。他事先已经打过电话，说要到我们家来找一首歌。住在乡下跟住在汉堡不一样，邻居之间来往比较随便，事先并不需要打电话，他那么郑重其事地专门来找一首歌，听起来有点奇怪。

他说，他的老父亲身体不好，打电话让他去一趟。他父亲是德国一家大报的创始人，很成功，也很富有，退休后在瑞士的一个古堡养老。当乌弗还是个热血青年的时候，跟父亲在政治见解上有很大的冲突，父子俩几乎见面就吵架，以致他们之间整整十八年没有来往。等到乌弗自己也做了父亲以后，他们父子才开始和解。他的老父亲在电话里说，记得他们断交十八年以后，乌弗第一次去瑞士看望他的时候，他开车去机场接了他。两个人坐在车里有点尴尬，一时不知道该说什么，就打开了车上的收音机。那时候，收音机正在播放美国黑人女歌手玛哈丽·杰克逊的一首歌，叫《黄昏的祈祷》。他们就在她的歌声里，无言地顺着湖边慢慢地开。那时候正好是秋天的黄昏，那歌声和湖面上宁静闪烁的夕阳，让他一直难以忘记。他希望儿子这次去看他时，能在玛哈丽·杰克逊《黄昏的祈祷》的歌声中，再开车送他去一次当年的湖边。

这是我很喜欢的一个黑人歌手，每年圣诞节都听她的歌。这个歌手实在是与众不同，她能把恬静安详的《平安夜》唱得深沉悲怆，荡气回肠。听她唱过以后，再听其他歌星唱，就都显得浅薄甜腻。但是，他父亲点的这首歌，我还从来没有听说过，应该不是她最有名的一首歌。所以我找了好几个她的光盘，都没有找到这首歌。网上倒是有，但都不能下载，要购买，最快也要三天以后才能送到。我们开始在录音带里找，也没有。最后我们终于在一大堆旧唱片里找到了这首歌，然后找到长久不用的留声机，再想办法把留声机连接到电脑上，然后刻到光盘上，一直忙到半夜三更。

乌弗带着光盘去了瑞士。他带着90多岁的父亲，在黄昏的时候，在玛哈丽·杰克逊的歌声中再一次开车到那个湖边。他以为父亲会老泪纵横的，可是，父亲听得很平静，听完以后说："我这辈子有两件遗憾的事情。第一，在你们需要父亲的时候，我没有时间做你们的父亲。第二，在你们长大成人，不再需要父亲的时候，我偏要做你们的父亲。如果能有第二次人生，我一定会做得更好一点。"

那时候，夕阳如旧，歌声也如旧。只可惜，他们已经不可能回到旧日的时光，重新再做一次父亲和儿子了。

相 守

周末和闺蜜去德国北部一个类似北京798的地方看艺术展。在展出大厅里，我注意到一对老夫妻。男的行走不便，拄着拐杖。每到一个展室，老太太先把一张椅子搬过去，放在最合适的地方，然后去扶他过来，让他坐下。把他安置以后，她便走开，一个人慢慢地看。

我在远处仔细地观察他们，一时间觉得这对老人竟比陈列的艺术品更有吸引力。我并不想赞美黄昏的爱情，因为在我观察他们的十几分钟里，我没有看到他们之间有任何目光交流，或者是语言交流。我看到的是他们之间的那一种冷淡的默契。那种习惯成自然的付出和那种安之若素的接受，就好像彼此在履行心照不宣的义务。我在一边悄悄问自己：当年老以后，我用这种方式去照顾别人，或者别人用这种方式照顾我，我是不是愿意？这样的白头到老，是幸福还是悲哀？

有个德国熟人，经常说她想离婚，因为她丈夫在家除了看电视什么家务也不做。有时候，她故意连续六个星期不打扫卫生，而她丈夫可以在一堆垃圾中不动声色地照样看他的电视。而我劝她，在她这样的年龄，离婚有一个前提，就是除非她打定主意一个人生活。如果她只是计划换一个好一点的丈夫，那就没有必要离婚。因为当她一路披荆斩棘，千疮百孔地离了婚，而且很幸运地真的找到一个乐意做家务的男人时，她一定很快就会发现，这个男人还有别的毛病。或许，这毛病比不做家务更让人难以忍受。到这时候，她又该如何？

好莱坞导演伍迪·艾伦的名言是：婚姻就是两个人在一起，努力解决那些独身时永远不会出现的问题。美国一位心理学家则认为，男人和女人之间的差异，超过了人类和猩猩的差异。因此说，一男一女的相守，比起女人和闺蜜们、男人和哥儿们的相守更困难。坚持这份相守，需要男女双方各自作出忍让和牺牲。我相信过爱情，现在仍然愿意相信，但我更相信男女之间真正的爱情是很短暂的一种情感碰撞。接下来的，是漫漫岁月里一种充满责任感的温情呵护和理性相守。相爱，不难。相守，很难。相守着，并且继续温情脉脉，更难。

　　爱就像夜空中的焰火，绚丽辉煌，但转瞬即逝。曾经相爱过的人们记住了那一瞬间的灿烂，带着这样的记忆，他们开始了琐碎而平凡的生活。他们无数次仰望天空，虽然那里再没有焰火腾飞，但他们仍然能够看到焰火曾经的痕迹和光焰。这是他们长久相守的力量源泉。

请丽莎给约根打电话

傍晚的时候从外面回家，一路看见沿街的公寓楼大门上都贴着一张纸条。纸条正中用红笔画着一颗心，然后是几行手写的字：

一位叫丽莎的女士，上星期六晚上×点到×点之间，在××酒吧，我们在一起聊得很开心。回到家才发现，我把你留的手机号码丢了。我记起你大约是住在这段路附近。请你看见纸条后给我电话。我爱你！

约根

注：请保留纸条，等丽莎联系我以后，我会来清除的。

我家门上也贴着同样的纸条。纸条的四个角用透明胶固定，右角没粘好，小小的纸条在柔和的夕阳里像鸽子的翅膀一样轻轻扑动。我知道我们楼里没有约根要找的丽莎，但我还是在门口停留了很久。我先小心地把纸条右角上皱在一起的透明胶揭开，再小心地把纸条抹平，用揭开拉平后的透明胶把耷拉下的右角重新贴好。贴完后我很有耐心地等待了一下，看看透明胶还会不会再掉下来。我非常珍惜这样一份浪漫和执着，我希望这些纸条能感动也许会从这里经过的丽莎。

在我接触和了解的德国年轻人里，很多人仍然把爱情当成超于物质利益的理想和梦想。很少有德国青年先买房子才谈婚论嫁的。两个年轻人相爱了，租个公寓住在一起。租房子是需要经济担保的，如果这两个年轻人还没有固定的工作，那么他们的父母会出面为他们担保，但房租还是要他们自己交。等到他们结婚了，工作稳定了，有孩子了，原先租的公寓太小了，就开始寻找一个大一点的公寓。这个时候很多银行会自动找上门来，鼓励他们贷款买房子。因为他们年轻，因为他们有固定的工作，银行很愿意贷款给这样的年轻人。在这个时候，双方的父母如果有实力，会帮孩子付一部分首付，以后就靠孩子自己一路奋斗。等父母去世以后，他们也许能继承一部分遗产，也许就没有——这是德国大部分年轻人已走过的和正在走的道路。

还有一部分年轻人，根本就不打算在40岁以前买房子。因为有了房子，会改变一个人的思维方式和生活方式。当今时代，很少有人会一辈子守着同一份工作，也很少有人一辈子只在一个城市生活。所以，他们愿意让自己不受约束地生活。他们可以去非洲丛林探险，可以去贫困地区做义工，也可以请一年的长假开着宿营车去周游世界。财富的积累有很多方式，人生的经历也是一种财富。

第二天早上我出门，曾经在夕阳里飘动的纸条全都消失了。想来丽莎给约根打了电话。我甚至还想象着，他们两个亲密地搂着一路走来，一路小心地撕下那一张张画着心形的纸张。这有点像一部浪漫爱情片的结尾了。在我们这个被金钱和欲望左右着一切的时代，生活中的浪漫已经太少太少。这是一代年轻人的悲哀。

柏林之恋

那时，二战刚刚结束。一个叫乌素尔的德国金发美女在柏林郊区的一家医院当志愿护理员。有一个周末，医院对面的英军基地举行晚会，乌素尔跟着朋友去参加。在晚会上，她结识了一个英军士兵，两人一见钟情。不顾家人反对，乌素尔就把自己嫁了出去。乌素尔的丈夫来自英国西北部的一个小村庄，距离一个叫切斯特的古老小镇还有近一百公里。

英军士兵服役期满，乌素尔跟着丈夫到了那个英国小村庄。她在那里一住就是近六十年。现在，丈夫去世了，女儿也当了奶奶，老去的她，继续一个人默默地住在那里。

乌素尔是我先生的姨妈。先生年轻时多次搭车漫游英国，到了山穷水尽的时候，就会去姨妈那里，胡吃海睡，修身养息。乌素尔不是那种传统概念里的慈祥的老太太，她说话很机敏，甚至很尖刻，但待人很得体。比如果同学小的时候，经常会收到她寄的圣诞卡，里面夹着一张纸币。这一份微小的赠惠，让妈妈和儿子感受到很重的情份。

我们从伦敦坐火车到切斯特，然后在切斯特租了车。当先生跟租车处的美女签字画押的时候，我把乌素尔的地址输进导航仪，谁知导航仪根本不接受我输入的地址。我见有个帅哥闲着，就请他帮忙。英国人对英国地址应该比我得心应手。谁知帅哥也输不进去。这时候，先生和美女都参与进来，大家一起解决这个难题。美女进行了一番网上搜索，说地址错了，这个村根本就没有什么林柏路。我们异口同声地说："不可能，这么多年，我们的信件都寄到的，从来没出过差错。"美女打了好几个问询电话以后，在导航仪上点击了一通，然后命令说："就按这个地址开吧，不要乱动！"

看着那个闻所未闻的街名，我们一肚子狐疑，可是不敢乱动，横下心按着导航仪的指示开，结果很顺利地开到了乌素尔的小村里。

对于旅游者来说，这是一个美丽的地方。周围有沉默的古堡、废墟和森林，还有宁静的大海。村上有一家杂货店，供应一些生活必需品。唯一的酒吧，只许男人进去。没有网，没有手机信号。80多岁的乌素尔已经不能开车，而且行走不便。每隔一天，有个服务机构会给她送两顿正餐上门。一顿是热的，可以马上吃；一顿是冷冻的，第二天用微波炉热了吃。她订一份报，每天读完报，就去和邻居交换报纸，然后继续读邻居的报纸，接着吃饭、看电视，一天就这么过去了。

我们一起翻看往日的照片。年轻美丽的乌素尔穿着长裙，捧着鲜花，幸福地和英国士兵走在柏林的大街上，他们正在办理结婚登记的路上。这个柏林的女儿，这个富裕人家的娇娇女，那一刻，是否想过，她会在英国一个默默无闻的小村里默默无闻地度过一生？

她说，女人一生会有很多选择。真正为爱，只有一次。她选择了这一次，不悔。可是，又怎么能悔？在这样一个小村上，连《廊桥遗梦》的故事都很难发生。

离开的时候，我在门口看见那个在信件来往中早已熟悉的门牌号：林柏。我说："导航仪输不进这个地址，人家说是错的。"

乌素尔笑笑说："这是我的私人地址，你仔细看看，这两个字怎么拼？"

这时我们才读明白，两个字反过来拼，就是柏林。

原来，近六十年来，这一茬茬的邮递员，都心照不宣地接受了这样一个地址。因为这里住着一个来自柏林的女人。而这个柏林女人的心，其实一时一刻也没离开过柏林。

第四辑　生命的尊严

清 涧

　　陕西的山里有个地方叫清涧,那个地方出大枣。但有一次我们的车在清涧停下来的时候,看到的却是一条泛着淡黄色泡沫的溪水,从弥漫着黄色烟雾的山的深处流出来,一直流进一条浑浊的大河里。不见蓝天,也没有鸟语花香,空气中流动着一股刺鼻的硫酸味。

　　没有任何语言可以形容我当时的心情。西安一个朋友曾送给我一大包红枣,上面优美地写着"清涧大枣"。他说清涧大枣是如何的有名,是曾经的贡品。我把这包清涧大枣从中国背回德国,在湿润寒冷的冬季,我每天很珍惜地拿出几颗供皇帝吃过的枣,洗净以后剔去核子,和银耳放在一起用小火慢慢地炖,炖得满屋清香,然后再放冰糖。我想象着陕北高原蓝汪汪的天,清清的山涧溪水在阳光下碎银一样地闪光,满山满坡的枣树在冬日灿烂的太阳下欢笑。却不知我是自作多情地用在浓烟和化学废料里结果的大枣"滋补"了一个冬天。

　　摄像拍着空中的浓烟和泛泡沫的溪水。这时正好有个女孩子赶着几头羊从溪边走过,摄像叫住她,想让她赶着羊涉过小溪,然后沿着溪水走向大山深处的村庄。那女孩子个子很小,看上去只有七八岁的样子,脸上很脏,头发细细黄黄的像干草。我的心里突然很痛,护着那女孩子指责摄像,说:就因为你要拍个镜头,便让人家小姑娘在这么脏的水里走,你以为你是德国电视台的,就有权力让人做这样的事情?

　　德国人面面相觑地站在那里看着我。我突然意识到我这会儿婆婆妈妈地像个彻头彻尾的家庭妇女。协助拍摄的中方人员问明了情况，安慰我说："这不算什么，这水不深，乡下孩子能吃苦，你们给她一点钱就行了。"我说："她就是不走我也会给她钱。这不是钱的事情。我们会舍得让自己的孩子在深秋的季节趟这样的脏水沟吗？"

摄像一脸尴尬地说："你这么说就让我很惭愧了。可你也天天念叨，说空镜头很无聊，要让画面活动起来。这女孩子今天不从脏水里走，可她昨天走过，明天后天还会走。现在她为我们的镜头走一走，还走出了一点意义来。你说是不是？"

我明白他说的，也明白他的设想很好，但我觉得除了理智和道德底线以外，除了拍摄到理想的画面以外，还有一样东西在约束着人的行为，那就是感情。摄像见我犹豫不决，又说，如果需要，他也可以走过这水沟，但他走没有这女孩子走有说服力。

我哑然。我知道我今生今世拍不成大片，因为我是个容易被鸡毛蒜皮分散注意力的女人，我总是在关注片子以外的事情。有一次在内蒙古要拍杀羊的镜头，活蹦乱跳的肥羊牵来了，我看了心里不忍，就跟摄像探讨怎么可以把镜头处理得既拍了杀羊，又不真的杀羊。结果我们花了很长的时间在那里切磋。周围的人都坚定不移地站在摄像一边。最后杀完羊我才知道，他们都在等着吃羊肉。摄像为此批评我不专业，说我最好改行去做做慈善事业什么的。

我往女孩子的衣袋里塞了几张纸币，告诉她要过小溪，然后沿着小溪一直走，不要停下来，也不要往回看。回到家以后，把钱交给妈妈。我说完这些事，情绪低落到了极点。我知道我和眼前的这伙人都在做一件徒劳无益的事。我们拍这些环境污染的镜头，到什么时候才能反馈到这里？就是反馈到这里，又能改变什么？这女孩子拿了这几个钱，也根本不能改变她的生活。呼吸着肮脏的空气，喝着污染过的水，她或许会早夭。如果侥幸活到 18 岁，她就得嫁人，然后她会重复她母亲的生活。她的孩子或许会天天涉过更脏的水沟。一切都很难改变，在这深山野岭里面。

一个人 14 岁的时候说要改变世界是有理想，一个 40 岁的人说要改变世界就是太幼稚。可是一个人如果一生一世不为改变这个世界作一点努力，那就是太自私。所以我总是尽心尽力地在做，希望能改变什么，哪怕只是一点点。

摄像架好了机器，同事们都往女孩子衣袋里塞了些东西，巧克力，圆珠笔。女孩子很乖巧，跟每个人都说了谢谢，我帮女孩把脸擦干净，跟她道了别。她赶着羊走过小溪，肮脏的溪水淹没到她的小腿。她按我们的话一直往前走，没有停下来，也没有再回头。

目送着她的身影渐渐消失，我们全体沉默，谁也没说话。

这是 20 世纪 90 年代中期的事了，我希望现在的清涧是名副其实的清涧。

夜莺的歌唱

在海边家里的花园里,有一棵老橡树。这棵树已经一百多年了,高大挺拔,树阴浓郁。风吹过的时候,树叶子哗哗作响。

一天,我们的邻居上门来跟我们商量,他说这棵橡树真的很美丽,只是它的树阴越来越大,最近几年发展到把他们家花园的阳光全部遮挡住了。因为这棵树在院子的西北角上,我们很少关注过它。被邻居一提意见,我们才发现这棵树确实把人家不大的花园的太阳光都挡住了。德国人是很崇尚阳光的,他们认为那是健康和生命的象征。花园里照不到阳光,他们会很不开心。我们跟人家道了歉,说可以考虑把影响他们花园光照的树枝锯掉。

在锯树以前,我们先要把规矩打听清楚。在德国,各个联邦州对锯树都有自己的法规。听过一个案例。有一户人家,在家门口很近的地方种了一棵树。这棵树一不小心长成了参天大树,不光把自家房子的光照遮挡住了,还年复一年地开始影响到了房子的地基。那户人家决定把这棵树锯掉。那个州锯树是需要申请的,而这棵树是一种罕见的树种,有关部门就不批准。这家人打了好几年官司,最后的判决为:树留着,房子迁走。为此,有关机构给了他们一笔补偿款。

于是我们就去请教无所不知的花工奥斯特。他说在我们这个州里,锯自家的树是不需要打报告获取批准的,但是有时间上的严格规定,当年反正已经太迟了,要锯树也只能等第二年了。

我们很奇怪,难道锯树有什么黄金时间?他说锯树必须在冬天进行，最迟不能超过 3 月 15 日。问他这个日子有什么重要意义，他说："3 月 15 日以后，飞到南方过冬的鸟都回来了，它们开始在树上做窝，再锯树就会影响小鸟的生活。"他说得很认真，完全不像是在开玩笑。但我还是忍不住笑起来，这话听起来有点像幼儿园老师跟孩子们说童话。

他对我的反应很不理解，说："你仔细想一想，如果你的房子刚刚造好，人家跑来给你拆掉了，你会怎么样？你无家可归，你很生气，是不是？鸟类跟我们人类是相同的道理啊。鸟不会说话，所以我们更加应该当心。"

在德国，在幼儿园里老师就开始教育孩子，地球上的每个生命都是平等的，不管是生命只有一天的虫子、可以活几百年的乌龟，还是聪明得上天入地无所不能的人类。这是一个普通而古老的道理，大家都普遍地相信并且崇尚这个道理。

说到鸟窝，我就记起在中国吃的一道甜点，叫木瓜炖血燕。吃的时候我向先生解释这是用燕子的窝做成的。他就非常生气，不明白怎么会有我这么可恶的女人想吃这道菜。他的饮食习惯其实已经很中国，见了饭桌上的飞禽走兽他已经学会了不动声色，但这道甜食还是让他暴怒。他说："那是人家的家啊，就那么好吃吗？"我解释说："是美容的。"他断然地说："一个女人吃这样的东西，她只会越吃越恶，绝不会越吃越美。"给他这么一说，那道甜食真的变得索然无味。吃人家的肉也就算了，把人家的家也吃了，有点太不够意思。

没过几天，我们就发现奥斯特在花园的几棵树上钉了好几个小木屋。他说，鸟跟人一样，有勤快和不勤快的。勤快的鸟自己做窝，不勤快的鸟就没有自己的窝。他这些小木屋是给那些懒鸟们搭的窝。

我问他这些懒鸟是不是连找食都不勤快呢？他说有的鸟是不勤快，

有的鸟是能力不强。所以最好的办法是去宠物店买一点给鸟吃的谷子，放在小木屋里。他说这跟人类社会也是一个道理。那些懒人或者是能力弱的人，不能养活自己，所以政府要给他们提供救济房和救济金。

于是我们开始在鸟类世界实行"低保"，深受鸟类的欢迎。我们的花园除了偶然过来做客的小鹿、刺猬、野兔、猫头鹰和松鼠之外，来得最多的就是小鸟。

周末的时候我们坐在树下看书，远处近处一片鸟鸣。先生经常不断地向我介绍说，这是什么什么鸟在叫，那是什么什么鸟在叫。有些鸟还是很珍奇的品种。而我这个人除了麻雀，别的鸟一概都不认识。

有很多时候，这些鸟就停留在离我们不到一米的地方，轻轻地啼叫几声，然后不动声色地打量着我们，好像在打量一个外来的闯入者。鸟类和人类的这种互不设防的关系，应该是历经了几百年才延续下来的吧。

一天半夜里，我突然被先生从梦中推醒。他轻轻地跟我说，听听，是夜莺在唱歌。

我仔细倾听，在离我们窗子很近的地方，有一只鸟在婉转地啼叫，那声音在寂静的午夜格外地悠扬悦耳。我走到窗前，看着远处近处的树影，看着草地上银白的月光，整个大自然都在静静地聆听着夜莺的歌唱。这是我第一次听到一只自由的夜莺在夏夜明亮的星空下歌唱。我突然热泪盈眶。

天价爬虫

德国南部有个地方准备新建一条高速公路，方案已经批准，资金已经到位，动工日期在即。就在这时候，当地的动物保护组织递交给有关部门一份报告，报告里说，计划新建的这条高速公路将经过一片沼泽地，这片沼泽地里住着一种很珍稀的濒临灭绝的两栖动物。很遗憾我在大小德汉词典上都没查到这种动物的名字，暂且只能叫它们爬虫。它们有一个手指那么长，长着四条腿，黑黑的，非常恶心，非常丑陋。

报告指出，问题的关键并不在于它们所住的这片沼泽地。沼泽地是它们平时居住的地方。可是每年的春季，春暖花开的时候，这些爬虫就会成群结队，慢慢地爬行到一百多米以外的一个小池塘里去繁殖后代。而这条未来的高速公路正好处于沼泽地和小池塘之间。也就是说，这条高速公路建成以后，如果爬虫们不管不顾，继续它们的生活方式，就会被来往的汽车压死。如果它们有所顾忌，不再爬去池塘，必将影响这群珍稀动物的繁殖，那么它们将面临灭绝的危险。如果这群爬虫灭绝了，也就意味着未来地球上可能将不再有这样的物种。

报告最后强烈要求立即停止这条高速公路的修建，并警告如果当事者一意孤行，他们将立刻诉诸法律。

谁也没有这个胆一意孤行，高速公路的动工日期立刻推迟得遥遥无期。建筑商、动物学家、政府官员和绿色组织，方方面面进行了激烈的论证。尽管大家提出的方案建议各不相同，但有一点达成了共识：

这群动物是非常珍贵的,尽管它们没有北极熊的憨厚,没有熊猫的笨拙,没有企鹅的可爱,但它们同样属于人类应该全力保护的物种,不能让它们在我们这代人手里灭绝。

最后实施的方案是:高速公路在这个地段修建成隧道,来往车辆在下面通过。上面呢,继续让这些丑陋而珍贵的爬虫们一年一度地去池塘繁殖后代。这笔额外支出高达五千万欧元,平均分摊到现有的爬虫头上,一条爬虫的身价是一万欧元。

到目前为止,我还没有听到任何批评的意见。

静夜鹿舞

夏夜的花园里,烧烤的炭火还在余烟缭绕,它们就悄悄地来了。这是一个四口之家,鹿爸鹿妈和两只小鹿。它们是我们花园的常客,一般在清晨或者傍晚出现。它们最喜欢吃的是花园里新鲜的青草和树上掉落下来的苹果。它们偶尔也允许我们远远地照相,但如果走得太近,它们就会一溜烟地跑开。

也许因为风向,它们闻不到我们的味道。也许,我们在遮阳篷底下,在月光的阴影中,它们看不到我们的存在。它们以为自己是夏夜里这个世界唯一的存在。在距离我们不到五米的地方,这一家安静坦然地玩耍起来。银白色的月光下,它们时而很轻捷地跳跃着,时而很亲昵地互相舔舐着,看上去就像童话电影里的情景。

我们一家停止了交谈,一动不动地在原地坐着,看着这个无忧无虑、相亲相爱的家庭。因为我们之间的距离是那么近,感觉上就好像我们未经许可闯进了它们家里,正窥视着它们一家的私生活。

月光下的草地,就像一个灯光清明的舞台,任它们尽情地长久地舞蹈。十几分钟以后,在鹿爸爸的带领下,它们像最有教养的演员一样,不慌不忙地绕花园一周进行谢幕,然后从容地消失在树木的阴影中。

万籁俱寂,星光闪烁,心里突然有一份感慨。

在鹿的感觉中,这是一个属于它们的世界。因为它们远比我们更熟悉这花园里的每一棵树、每一朵花。可是,它们不知道,这个世界其实根本不属于它们，而属于比它们更高一等的"动物"。

"高等动物"之所以不愿意惊动它们，是希望能够更近距离地欣赏它们、观察它们。他们知道，他们的一抬手，一起身，对它们来说，就如同强敌压境，大难临头。它们没有任何别的抵抗手段，只有逃跑。

可我们人类又比它们高明到哪里呢？我们也一厢情愿地以为这个世界属于我们。可我们并不知道这个世界是从什么时候开始，到什么时候结束。我们也不知道，我们从哪里来，要到哪里去。我们混混沌沌一无所知，却以为，我们是天地之间唯一的主人，可以为所欲为。

有谁能说清，就在我们居高临下地欣赏和观察鹿舞的时候，我们自己是不是也正在被更高一等的生灵欣赏和观察着呢？我们的喜怒哀乐，生老病死，在它们的眼里，是不是也就像我们看鹿舞一样，只是一场别有情趣的秀呢？

其实，我们并不是这个星球上唯一的主人，只是这个星球上万物生灵中的一部分。明白这一点，也许我们可以变得谦卑一些。

内服和外敷

海边房子前的一棵梨树根部受了点伤：花工使用挖土机时不小心刨坏了一块树皮，白花花的树干露了出来，还淌着汁液。先生站在那里心痛无比，说这是树在流血啊。

我安慰他说："不就是一块树皮嘛，过些天就好了。"他白了我一眼，说："如果你腿上破了这么一块皮，你疼不疼？"我说："这么大一棵树，这么小一块皮，按这比例放到我腿上，也就是指甲那么大一块。我连眉头都不会皱一下。"他用鼻子哼哼说："这棵树已经一百多年了。一百多岁的老太太腿上落个指甲大的伤，也会要了命的。你这个人一点爱心也没有。"

这句话差点把我一口气噎死。我一急，就说："你们德国人才没有爱心呢，要有爱心的话，当年怎么会把几百万犹太人往煤气炉里赶啊。"这话是很有杀伤力的，而且一杀一大片。每次说出来，先生就很气。他沉下脸不再理睬我，走进屋子一个劲儿地往四面八方打电话。

过了个把小时以后，他走出来很兴奋地跟我说，他打听到有一个地方，专门出售一种治理树木外伤的外敷药膏，而且人家还愿意在星期天这样的时间卖给他。他问我跟不跟他一起去买。我心里觉得奇怪，什么叫外敷，难道还有给树木内服的药不成？我抑制不住自己的好奇心，就跟他一起去了。

我们曲里拐弯地开了很久，在一个巨大的花园门口停下来。这一带的人家都习惯把自家院子的大门白天黑夜地敞着。我们还是一丝不苟地按了门铃。

等了一会儿,出来一个又胖又壮的男人。问清了来由,他请我们进去,让我们坐在他的玻璃花房里。这两个男人开始从天气讲起,讲到雨水,讲到花木,就是不讲外敷药。我本来以为买了东西就走人,谁料想他们开起植物学讲座来。我觉得很上当受骗,不声不响地坐在那里听,脸上开始做出种种不耐烦的表情。

过了一会儿,那个大胖男人用好男不跟女斗的口气对我说,他花园的西边有一个玫瑰园,里面有60多种玫瑰,也许我有兴趣过去看看。他的话直白了说就是:你在这里真碍事,你给我有多远走多远吧。

我用眼神征求先生的意见,他却不看我,幸灾乐祸地闷笑着,看着头顶上的天。我谢了那个人就走了出去。我一个人索然无味地在那个有60多种玫瑰的园里走来走去。有什么样的主人,就有什么样的花园,这玫瑰园除了玫瑰就是玫瑰,一点浪漫情调也没有。

到了快黄昏的时候,先生提着一个袋子来招呼我上车。他兴致勃勃地说,那个花匠教了他很多花卉知识,要不是我从中捣乱,破坏了人家的情绪,他还会学到更多。

到了家里,他郑重其事地从袋子里拿出一个罐子,打开来,是一种深红色的油漆那样的东西,他把它很认真地抹在树根的伤口上。然后又从袋子里拿出一大瓶透明的液体,把它浇在树根上。外敷和内服都齐全了!为这件事我们浪费了一个星期天的下午,还不包括损耗的汽油和买药的钱。

我看他很认真地举行这样的仪式,顿时明白原来过家家的事不一定只发生在幼儿园里。既然如此,那老师我就再教他一招吧。

我很体贴很认真地对他说,其实还有一个抢救方案没有实行。先生急忙问我还有什么高招。我说把汽车急救箱里的绷带拿出来,把它绑到树的伤口上,这样伤口会好得更快些。

先生一言不发地看了我一会儿,突然笑起来,说他应该一开始就把绷带拿出来的,不是绑树,是封住我的嘴巴。

天 物

因为小的时候念过"锄禾日当午"这样的诗，直到现在，吃起饭来仍然有点惊心动魄。每次往碗里装饭的时候总要考虑再三，因为深知一粒米就是一滴汗。就是吃剩下的饭，也总是几次加温，或者煮成稀饭再吃。其实饲养鸡鸭猪鱼也一样流汗辛苦。可是，古人没有写过这方面的诗词，所以就没有那么深的感触。吃的时候不太在乎，扔的时候一点也不惊心动魄。

在德国吃饭不管几道菜，总是一人一份分到盘子里，有一种包干到户的责任感。一般有家教的人，不管味道是不是中意，在这个时候，都会把自己的那一份吃个底朝天。有时候客人剩多了，负责任的厨师会亲自过来，询问一下原因。剩饭的客人还得向厨师道歉，找出一点理由为自己辩护一下，或者开个玩笑搪塞一下。为了尽量不让食物剩下，有的饭店设有老人份和儿童份，菜式一样，量少一些，价格也便宜些。

但即使这样，德国食品监督组织公布的数据，说德国每天有三分之一的食品是吃下去的，有三分之二是扔掉的。食品监督组织呼吁人们在餐馆进餐时，尽量吃完盘中之餐。在扔掉过期食品之前，应该先看一下颜色，尝一下味道。如果感觉正常，建议继续食用。

我们中国吃饭都是把一道道菜放在桌子中间，这样吃饭丰富多彩，气氛也热烈，没有任务感，也没有责任感，喜欢的多吃一些，不喜欢的就少吃一些。但是，如果客人们把所有盘子吃得底朝天，东道主会觉得很难堪，好像自己有小气的嫌疑。所以，东道主一般已经习惯了多点一些菜，宁可剩下来，不可底朝天。有时候剩得很多，离开桌子的时候，不敢回头多看，实在有点惊心动魄。

其实，我们摆脱贫穷和饥饿已经很久了，我们已经不再需要通过吃饭来证明我们的富有。一粥一饭，一鱼一肉，都是阳光雨露，自然造化的成果。不管它们有知或无知，它们也都经历了或长或短的生命过程，所以，当它们最终以各种形式端到我们面前时，我们应该心怀感激，认真享用。它们已经不是一般意义上的食物，是天地精华造就的物品，是真正的天物。

渐近的冰山

有个德国教授，每年都被邀请到中国，去各地研究地下水的问题。在他又一次去中国之前，他对我说，他下一年不想再去了。我问他为什么，他说，中国的地下水位已经很低很低，再过几年，很多地区根本就没有地下水了。而且每次去考察研究，都要花掉中国很多钱，提出的方案又不被采纳，解决不了问题，太惭愧了。

教授给出我一串数字：

如果把大自然每年能够提供给人类消耗的资源，如能源、木材、饮用水、食品，还有自然能够消化的垃圾设置成一个定数，在1987年12月19日，人类提前消耗完了自然提供给人类一年的资源。剩下来的那12天，人类在对自然资源进行透支。到1995年，这一天提前到11月21日。在2009年，这一天提前到了9月24日。

这是世界生态观察组织公布的数据。它表明了我们人类对大自然的透支已经越来越提前了。

教授说，每当他把这些数据告诉别人的时候，大家都会大吃一惊，说"天哪！"，然后转过身去，他们或者已经忘却，或者以为这样的问题真的只有上天才能解决。因此，世界上的人们仍然按照一贯的方式在继续他们的生活。

这就像泰坦尼克号上那些醉生梦死、夜夜狂欢的人群，他们并不知道飘浮的冰山已经逼近。他们真的以为，他们拥有一艘永不沉没的巨轮。因此，那座灯火灿烂的海上宫殿在弦乐声声中迎面撞向了巨大的冰山……

美国记者艾伦·韦斯曼（Alan Weisman）写了一本影响巨大的书——《没有我们的世界》，上面介绍了一种"人类自愿灭绝运动"。

这个运动的口号是：希望我们活得长久并灭绝。运动提倡者们认为，再认为我们都能共享一个地球、共同享用它的资源就未免太天真了。与其让人类和其他生物一样面对因为资源战争和自然灾荒引起的大批量死亡，不如让人类轻松地走上死亡之路。

持这个观点的人们认为，假如人类都同意停止生儿育女，或者在什么病毒的侵袭下，所有精子都丧失了生育能力，五年以后，再也不会有5岁以下的孩子悲惨地死去。于是，所有活着的孩子的生活环境会得到改善，因为他们变得十分珍贵。所有的孤儿都会有人收养。

二十一年以后，再也没有了青少年，于是也就没有了青少年犯罪。到那个时候，人们精神上的觉悟将会取代恐慌，因为大家明白，人总有一死。于是，世界上的食物会大有盈余，资源变得像从前一样丰富，海洋变得充满活力。因为人类不再需要建造新房子，森林和湿地面积也会扩大。

最后，人类可以静静地享受他们最后的日落。他们知道，他们已经尽了最大的努力，把这个星球还原成了最初的伊甸园的模样。

韦斯曼在书的最后写道：或者甚至会有这么一天，我们早已消逝，却不堪忍受没有地球的寂寞——我们曾经如此愚蠢地在这个美丽的星球上自取灭亡。我们，或者是我们的记忆，也许乘着宇宙的电磁波搭上回家的航船，久久萦绕在我们深爱的地球。

书中的观点我并不全部赞同，但他对人类末日的描绘充满了人性的凄美，让我一直难以忘怀。希望他描绘的凄美到来得晚一些，再晚一些。

绿色的人们

在德国有一些生活得很"绿色"的人群。他们虽然还没有形成主流，但已经越来越引起人们的注目和效仿。

我的德国出版商住在一个小镇的边缘。去他们家做客时，喝的水是直接从院子里的井里打上来的。怕我不放心，他们给我看了有关部门对水质的鉴定书。其实我也没有不放心，这水清凉微甜，一口就喝出了跟装在瓶子里的矿泉水的区别。

他们有两栋大房子。这两栋房子房顶上落下的雨水，都被积存在一个深埋在地下的巨大的塑料桶里，然后通过一个自制的系统和洗手间相通，直接用来冲洗。他们是很节约的人，但为了这套排水系统，花费了很大一笔投资。他们很少制造垃圾。我看了他们自制的垃圾处理系统，垃圾分类很多，有纸张、塑料和金属，然后是生活垃圾。他们把生活垃圾放进一个池子里，让它们产生沼气。我的感觉是，如果有一天，城市供水供电系统彻底停止了工作，他们的生活质量不会受到丝毫影响。

他们解释说，他们没有这样的危机意识，只是因为这个地球上的清水已经很少，消耗一点就少一点。因为焚烧垃圾，这个地球的天空已经受到很多污染。他们想减少清水的消耗和对蓝天的污染。

还有一个熟人，她住的是节能房。据说能把人身上散发出的热量和家电散发出的热量攒积在一起，重新变成热能。这个原理我一直没能想得通。她的家庭能源基本已经由太阳能代替，因此她对天气预报非常关心。如果她攒了一大堆脏衣服，她就会等待一个晴好的天气开洗衣机。我说，如果连续十几天阴雨天，那又该怎样？她说，她会继续等待晴天。这其实很正常，在没有发明洗衣机的时候，人们不也总是等待一个晴好的天气，洗被套洗衣服。被阳光晒干的被套有一种特别的清香，跟烘干机烘干的完全不一样。

在她的指点下，我开始慢慢绿色起来。

以前洗头发的时候，我先把头发冲湿，然后往上揉香波。在揉香波的过程中，水喉是开着的，因为这中间的过程不长，没人在意这一点。现在洗头的时候，我记住她的指点，冲湿头发，关上水喉，然后往头发上抹香波，等把头发揉透彻了，再把水喉打开，冲洗头发。这样洗头发，一次省不了多少水，但一次次积累下来，那也是很多的水，很多清冽纯净的水。

住酒店的时候，如果天数不多，我总是把免换被套床单的卡片放在床上。

做客的时候，我总是把面前的那杯水或饮料彻底喝完了才离开。

在饭店点菜的时候，如果我知道那家饭店的菜量很大，我会事先跟服务生声明，请给我三分之二的量。

这样做跟金钱其实没有多大的关系，这是我们对后代的体贴和关怀。为了他们今后的生活质量，我们应该尽可能节约地球上的资源。如果我们能为后代留下一方蓝天，一泓清水，那就远远胜过世界上任何的财富。

白鹳飞去的那边

因为下了几场雨,海边花园里的草长得有点疯狂。我们奇怪花工奥斯特先生为什么不来剪草,因为剪草是他最喜欢的一项劳动。他坐在一个碰碰车那样的除草机上在花园里开来开去,开过的地方就是平平整整的一片绿草坪。可这次他说,暂时不能剪,因为小白鹳在邻居的地里练飞,剪草机的噪音会吓着它。秋天马上就到了,它的时间不多了,应该让它安心练习。

在距离我们花园直线距离二百米的地方,有一个水塘,水塘中间有一个小小的岛,岛上有一棵百年橡树,橡树上有一个白鹳的窝。白鹳受惊吓或者求偶的时候会发出"咯咯咯"的叫声,那声音在静谧的田野里传得很远。每年春天,当第一次传来"咯咯"的叫声时,村里人都会很欣喜地说,听啊,白鹳回来了。所以奥斯特对白鹳这么知根知底,体贴关怀,我一点儿也不奇怪。

奥斯特说,这只小白鹳本来一直跟妈妈住在橡树上的窝里。最近突然飞来一只强悍的白鹳,估计是小白鹳的爸爸,是来教小白鹳学习飞翔的。邻居的地是很长很长的一条,像跑道一样,正好给小白鹳练习起飞和降落。奥斯特忧心忡忡地说,这只小白鹳开始学飞很晚,等大队白鹳南飞的时候,不知它的翅膀是不是已经强健?

我拿出地图,奥斯特给我指点白鹳南飞的线路。当凛冽的秋风刮起的时候,它们就会成群结队地往南飞。通常是,强壮的白鹳在前面开路和在后面压阵,中间是当年出生的小白鹳。首先,它们将穿越德国。这对小白鹳来说，是一个很好的适应长途飞行的机会。穿越德国以后，它们将飞越阿尔卑斯山。山上风云变幻，阴晴不定，这将是小白鹳面临的第一个考验。然后，它们将飞越意大利上空。这正是狩猎的季节，能不能躲过意大利猎人的枪口，要看它们的运气，也要看它们的飞行技巧。在飞越了意大利以后，它们将穿越撒哈拉大沙漠。这是艰巨的路程，有时候接连好几天没有水塘栖息，没有食物补充。这对它们的体力是一个严酷的考验。在经历四千多公里的飞行以后，它们终于抵达温暖湿润的南非。它们在那里度过漫长的冬天，等待着春风给它们传达回归的信息。

我记起曾经看过的一个纪录片叫《迁徙的鸟》。这部片子的奇特之处在于，它完全是从鸟的视觉拍摄了候鸟迁徙路途上的艰难和风险。影片的结尾处，在春天西伯利亚的一个农舍，一个孩子早上打开家门，看到去年的候鸟停息在门口。孩子惊喜地说，看啊，它又回来了！候鸟在孩子的抚摸下，温顺地闭上眼咕咕地低叫着。对于孩子来说，这是旧友重逢。对于候鸟来说，是九死一生的赴会。只可惜生活在同一个世界的鸟和人，无法真正去沟通。

我们在树丛后面，看着小白鹳一次次地起飞和降落。带着海洋气息的风轻轻吹拂过来，虽然还很温柔，但分明已经送来了秋天的气息。无缘无故，我心里多了一份挂牵。

只希望小白鹳能早日练就强健的翅膀，只希望小白鹳飞去的那边，风和日丽，祥和平安。

拯救曼陀铃

曼陀铃是一只很普通的小狗，白鬈毛，头顶上有一丛橘黄色的毛。它本来是条流浪狗，被我们的朋友——一个退休的德国教授和他的夫人收留了。他们现在住在意大利阳光明媚的托斯卡纳地区的小村里。曼陀铃每天中午跟着它的男女主人出去散步。散步的时候常常会经过一段埋在地底下的排水管。这段排水管有十五米长，虽然埋在地底下，两头却露在外面。曼陀铃每次路过那里都欢天喜地地从排水管的这一头钻进去，再欢天喜地地从那一头钻出来。这段排水管使曼陀铃的散步充满了乐趣。

可是，有一天中午，曼陀铃从排水管的这一头钻进去了，却迟迟没有从那一头钻出来。教授和他的夫人等了一会儿着急了，走过去仔细一看，才发现这段排水管不知什么时候被什么人用乱石和沙子堵住了。

教授和他的夫人这下真的着急了，因为狗这种动物是不会倒退着走路的，如果它要退回原路，必须掉头才可以。可排水管很小，里面是没法掉头的。曼陀铃就这样一头钻进了排水管，出不来了。或许就永远出不来了。

他们趴在黑咕隆咚的排水管口，听着曼陀铃在里面一声声地叫着，却无能为力。教授急得当场就流下眼泪。就像世界上大部分夫妻一样，在紧要关头，总是当女人的遇事不慌还急中生智。教授夫人给村里的消防队打了呼救电话。在西方，一个村的消防队是由这个村的年轻人组成的，是这个地方的灵魂。就像我们碰到困难找组织一样，在西方碰到困难就找消防队，他们大到房子失火，小到钥匙被锁在屋里进不了门，都一管到底。

十分钟以后消防车就闪着蓝灯到了事发现场，居然还莫名其妙地跟来一辆救护车。消防队员全副武装，跳下车问明情况后立刻就开始展开抢救工作。他们用铲子和铁锹把排水管堵住的乱石一点点往外扒，还有经验丰富的人把耳朵贴在地面上探听曼陀铃所处的位置。

教授已经被两名消防队员护送回家，因为他除了在那里伤心落泪，帮不上别的忙，还影响大家的情绪。一台挖土机被紧急调来，轰轰作响地把掩埋着排水管的地面一点点扒开。围观的人越来越多，但大家都十分安静。把耳朵贴在地面上负责探测曼陀铃动静的人不断向大家大声报告挖土机和曼陀铃之间的距离，两米，一米！

消防队长一挥手，挖土机立刻停了下来，两个消防队员开始用手往外扒土。刚扒几下，就见一个白绒绒的东西探了出来。在场的人全都屏住呼吸，只见那小小的曼陀铃从排水管里探出一个带着橘黄色绒毛的头，它往左边看一看，往右边看一看，然后像大明星出场一样不慌不忙地钻了出来。

在场的消防队员，围观的人群和教授夫人同时愣了一下，然后不约而同地鼓起掌来。最绝的是那脱了险的曼陀铃，居然绕场一周向大家致意，然后在众目睽睽之下抬起前爪，直起身子，在托斯卡纳蓝色的天空之下快乐地欢叫着蹦跳起来，并且跳了很久。

教授夫人说，在场的每个人都很感动，一动不动地站着，静静地从曼陀铃那里感受劫后余生的喜悦。

消防队没有索取任何费用。他们说，拯救出一条生命，就是对他们最好的报酬。

曼陀铃从此成了村里的一号明星。

鸟类世界的公平正义

周末去海边,正好赶上村里的烧烤晚会。

在德国农村,最有权威的不是村长,而是那个村的消防队。德国农村每个村都有自发组织的消防队,队员来自每个家庭的青壮年。消防队不但管救火防灾,也管村里的种种突发事件,而且还负责组织村里的各种娱乐活动。每到这个时候,每个队员都穿上量身定做的消防制服。这些平时开拖拉机耕地,或者是天天外出上班的男人们,穿上制服以后,立刻英气逼人,神采奕奕,让人耳目一新。

我们从穿着制服的男人手里买了烤香肠,然后跟穿着制服的男人们一起喝酒聊天。在我们那张条桌上,人们聊的是最近村里发生的一起重大事件。

离我们花园不远的地方有一个水塘。水塘中间有一个小小的岛,岛上有一棵百年大橡树,树上有一个白鹳的窝。这对白鹳每年春天从南方飞来,在这里繁殖后代。到了秋天再飞回南方过冬。这些年来,树杈上的白鹳窝越做越大,树杈渐渐承受不住,鸟窝有摇摇欲坠的感觉。消防队开会作出决议,由消防队出面,加固鸟窝。他们用木头做了一个有栏杆的窝,并且装上了坚实的支架,正准备为白鹳换窝。可是鸟窝附近的人家报告说,母白鹳最近已经孵出四个鸟蛋,正在专心孵蛋,这时候不得随意惊动她。

消防队因此推迟了行动计划。可是,悲剧发生了。不知从哪里飞来两只野天鹅,它们竟然把一对白鹳赶出了家门。四个白鹳蛋就这样留在了鸟窝里。村里人为白鹳后代的安全担忧,建议消防队开枪射死那对野天鹅。可是,目前不是狩猎的季节,而且,野天鹅也是受保护动物,开枪射杀野天鹅必须经过有关机构的同意。这个机构叫作自然观察组织。消防队觉得刻不容缓,立刻给自然观察组织写了报告,申请射杀那对不仁不义的野天鹅。这个组织用了三天时间才批准了这个报告。

可是,已经晚了。就在报告被批准的那一天,观察人士亲眼看到野天鹅把四只白鹳蛋从鸟窝里推了出去,白鹳蛋掉到地下,碎了。两只白鹳在鸟窝周围来回盘旋,叫声凄惨。

这个晚上,这些男子汉大丈夫严肃讨论的主题是,要不要写信投诉那个自然观察组织,是他们的官僚主义,葬送了四只小白鹳的生命。

我很欣赏这些男人们认真负责的态度。世界上每天都在发生很多不公平不正义的事情,我们能够改变的其实很少。如果能为眼前的鸟类世界主持一次公道,也不失为一种积极的生活态度。

野性的秋天

乡下秋天的气氛自然要比城市浓郁许多。城里的秋意主要体现在植物的颜色和草地的落叶上,而乡下的秋意是全方位的。

首先,在森林里散步的人比平时多了起来,这些不知从哪里冒出来的人一边散步,一边目光炯炯地四处扫视,看看树底下,草地上有没有美味的蘑菇。满树的苹果梨子已经熟透,被风一吹,噼噼啪啪直往地上掉。碰巧打在头上的话,只能自认倒霉。餐馆的菜单上增加了好几道新鲜野味。这里的人只在秋天吃野味,并且必须是新鲜的。冷冻箱里的野味,是给那些城里人吃的。公鹿们为了爱情在马路中间头顶着头决斗,两个行驶方向的汽车都只得停下来,耐心等待着它们决出胜负。

最激动人心的是短暂的狩猎季节开始了。有些森林已经正式向猎人们开放。森林边缘竖起明显的标记,禁止行人入内。那些在冬天下雪的时候,温情脉脉地把自己家里地下室的苹果拿出来给野鹿、野猪们当粮食的男人们,现在骑着马,提着枪,兴致勃勃地在森林里追杀那些曾经被自己救济过的野生动物们。猎狗们鞍前马后地奔跑着,为每一个猎物欢呼跳跃。

于是人们要问,既有今天的追杀,当初又何必救济呢?

这个问题的答案充满了伦理学、心理学的奥妙。在表现英国王室生活的《女王》影片中,女王在散步时多次与一只美丽的野鹿相遇。她喃喃地对着野鹿轻语:你真美啊,快离开这里,跑得远远的,越远越好！

可惜，这头野鹿没有听从女王的忠告，最终没有逃脱猎人们的枪口。女王闻讯赶去，站在野鹿的尸体前泪眼蒙眬。她的雇农问她：您怎么了？她偷偷擦去眼泪，若无其事地回答：没什么。女王的权利天大地大，但她也无法在自己的领地上，阻止自己的丈夫和儿子，自己的下属和雇农射杀那只让她心动的野鹿。在英国，很多动物保护组织、绿色环保组织呼吁取消狩猎的传统。呼吁了很多年，一直没有下文。

因为人们深知，在那些一年到头西装笔挺、彬彬有礼的绅士们的血液中，流动着祖先遗传下来的野性和强悍，他们需要有一个宣泄的机会和场合。而那些农民们，在接下来漫长寒冷的冬季，大部分时间只能坐在乡村酒馆的壁炉前喝酒聊天。在饭余酒后，需要一点血腥暴力的谈资。而在进入这样的冬眠以前，他们身体中过剩的精力也需要一次真正的释放。

没有任何力量可以压制人类内心的这种宣泄和释放。所以，在城里，有足球赛；在乡下，便是狩猎。

岁月静好

周末在海边过。吃过晚饭以后在花园里闲坐，乌弗打来电话，说他们有一瓶好酒，想过来跟我们一起喝。乌弗原先在汉堡有一家很大的广告公司，突然有一天，他"金盆洗手"，把公司卖给别人，带着全家周游世界，最后在海边买了房子，过起田园生活。一晃已经二十年。

从他们家到我们家不远，只要穿过他们的花园，然后穿过我们隔壁邻居的花园就到。走得再慢，三分钟也够了，可是他们足足用了半个钟头才走到我们的花园。男的很小心地抱着一瓶酒，女的手里拿着一朵路上采来的玫瑰送给我，作为迟到的歉意。他们说，他们刚出门，发现远处鹤巢里动静很大，就在望远镜里观察了一番，所以花了不少时间。这个鹤巢距他家五百多米，自从春天鹤妈妈孵出了两只小鹤，他们就在花园里架起了望远镜，天天观察鹤巢的动静。他们说，最近鹤妈妈对小鹤很不友好，动不动就咬，看来已经到了鹤妈妈把儿女赶出家门的时候了。大家感慨一番，觉得动物对后代的处理方式比人类聪明许多。

乌弗小心翼翼地把酒瓶打开，倒进醒酒器。这酒出自名庄，年份也已经很长，可一点闻不出有什么过人之处。大家说，果然是大家闺秀，矜持得厉害。只能耐心等待，切不可轻怠了美人。

我们一边喝着开瓶即香的"小家碧玉"，一边慢慢等待着"大家闺秀"回心转意。三说两说，就说到席卷全球的金融危机。

乌弗说，除了报纸和电视，他们其实一点也没感觉到有什么危机。他们平时吃的菜是自己花园里种的，鸡蛋是到农民家买的，都是那些在太阳底下跑来跑去的鸡生的。肉吃得不多，都来自附近的养猪养牛户。吃的鱼是在海边直接从打渔船上买的。草莓是前面的草莓地里自己摘的。因为不在城里住，平时少了很多应酬，所以对衣服的需求也很小。如果有的应酬注明了要穿晚礼服，一不乐意，就跟人家回绝了算了。每年11月份会出去旅行一次。因为这个季节海边的天气很不好，所以要到阳光灿烂的地方住几天。看着电视里政治家企业家大老板小老板焦头烂额的样子，真觉得很抱歉啊。就比如这瓶"大家闺秀"，也是那些暴富的人当年买了囤积在自己酒窖里的。如今这些人的日子过得不顺心了，拿出来拍卖，反倒让他们捡了个便宜。所以他们有一种趁火打劫的罪恶感，拉着我们一起喝，就把这感觉分摊了。

等了很长的时间，醒酒器里的"大家闺秀"终于像熟睡的美人般慢慢醒来，散发出浓郁的果香，层次丰富，妙不可言，就像那魅力无敌的美人。大家恭恭敬敬地把酒注入自己的酒杯。

夜已深，酒正香，北斗七星明亮而耀眼，明天又是一个晴好的天气。想起近期远期的计划，心里开始有点烦恼。不由得问自己，修炼到什么时候，才会像乌弗一样，真正淡定从容地享受这风云之外，岁月静好的人生呢？

我们的明天怎么过

好几年以前，先生带果同学飞中国。他跟空姐提出，能不能让果同学到驾驶舱去看一看机长是怎么开飞机的。我至今还怀疑其实是他自己想去看，只是把果同学拿出来当借口。果同学小时候长得一脸的无辜和委屈，每个大人见了他就马上在心里检讨一下，自己是不是做了对不住这个小孩的事情。空姐答应去跟机长商量一下。不一会儿，这个空姐和一个空哥过来了，很开心地对先生说，机长同意了，现在就请他带着孩子过去。谁知这个时候，果同学开始作怪了。他说，他其实不想去看开飞机。三个大人面面相觑。倒不是人家非要他去，只是，已经跟机长说了，机长也答应了，回头这小孩又不去了，人家机长会觉得这空姐空哥连个小孩都搞不定，太没能力了嘛。结果三个大人连骗带哄，才把果同学哄到了驾驶舱。果同学一点也没觉得机长有什么伟大，说他就坐在那里喝喝咖啡，聊聊天，是电脑在开飞机。

当然，这样的事情只可能发生在美国的9·11事件以前，那个时候世界还比较正常，一派歌舞升平。现在的飞机场就像战场一样，到处都是真枪实弹的士兵在那里走来走去。飞行中如果有人胆敢提出让孩子到驾驶舱去看看，说不定立即就被客客气气请到某个角落里，先上下搜查一遍。9·11事件为世界画出了一道分界线：线的那边是和平，线的这边是战争。

2011年日本的3·11事件又为世界画出了另一道分界线。当人们看到一个有过核武器伤痛的国家，一个高科技高技术的国家，一个研发出各种功能的机器人的国家，不得不依赖血肉之躯的自杀性行为去抢险，所有人都会问自己，在未来的生活里，我们还能使用什么样的能源？我们人类到底还能走多远？

大家的关注点一般都放在核电站是不是安全这个问题上。其实，即使是经过处理的核电垃圾，如果保存不妥，在几百年以内，随时还会造成污染。德国每年冬天，当那些经过处理的核电垃圾，被装在密封的金属罐内，用火车运到德国中部废弃的矿井的途中，总是遭到民众的一路围追堵截。有的把自己锁在轨道上，有的在轨道上搭起帐篷过夜。在反抗激烈的地方，有时整整一夜，火车只前进几百米。可以毫不夸张地说，车轮滚动过的每一米，都是警察和民众搏斗出来的，都是用纳税人的金钱铺起来的。每年2月，当核电垃圾运达目的地的时候，德国的政治家感慨，一年一度的战争结束了。

人类当然可以使用风力、水力、太阳能和煤炭进行发电，但它们已经远远不能满足地球上人类的需求。但是，如果人类继续使用核电站，今后地球上可能会有很多像切尔诺贝利那样的巨大核电坟墓。这还不包括那些深埋在地下的核电垃圾。

在今后的日子里，我会像德国很多热爱自然的家庭妇女一样，减少使用洗碗机和洗衣机的次数。我将学会像农民一样，早睡早起，以节约照明用电。想来想去，一个普通人能做的，也就是这些了。

生命的尊严

你从哪里来?

当然,你从你的父亲和母亲那里来。这是一个准确而简单的回答。

现在,我们从你这一代开始,往上追溯。你父母各自有自己的父母,所以你有爷爷奶奶外公外婆。

我们再往上追溯,他们四个各自有自己的父母,你于是就有了四个太祖父和四个太祖母。这八个人各自有自己的父母,你的祖先现在已经变成十六个。

以此类推,往上追溯十代人,你的祖先已经变成一千多人。如果再继续往上追溯,比如说,我们追溯到1628年,那时你的祖先加起来已经是好几千人。

那一年,中国爆发了农民起义。你的几千个祖先当时如果走到一起,将是一支蔚为壮观的农民起义队伍。在那个多难动荡的时代,你的几千个祖先生活在充满灾难、饥荒、瘟疫和战争的世界里。每时每刻,他们离死神只有一步之遥,他们存活的概率或许只有百分之一,甚至是千分之一。

在这样恶劣的生存环境中,唯有生命力最旺盛、最聪明、最幸运的人,才能够侥幸存活下来。假设一下,在1628年你那几千个祖先中间,其中有任何一个夭折早亡,你家族生命链上的一个环节就脱落了。那么,在今天这个世界上,就不可能有你。

可是,他们竟然全部都生存下来了!一代一代,绵延悠远,生生不息，薪火相传。于是，就有了你。

你是一个普通人，但你同时也是天地的精华，生命的奇迹。你是人世间最值得尊重的人。

一个人的出生和死亡，如同日出和日落一样庄严辉煌。在欧洲的农村，当一个孩子出生的时候，村上的小教堂会钟声长鸣，向人们宣告一个生命的到来。当一个人离开世界的时候，教堂也会为他敲响丧钟，向人们宣告一个生命的离去。来的和去的，都应该对世界有一个清楚明白的交代。这就是生命应有的尊严。

生命的尊严其实并不属于某一个单独的人，而属于一个历史悠久的宏大的群体。这个群体从远古走来，通过你，还将走向更远的未来。

这个群体，就是人类，就是我们自己。

在这个意义上，尊重别人的生命，也就是尊重我们自己。